ハリー・パーカー

ハイブリッド・ヒューマンたち

人と機械の接合の前線から

川野太郎訳

みすず書房

HYBRID HUMANS

Dispatches from the Frontiers of Man and Machine

by

Harry Parker

カーロに

ハイブリッド・ヒューマンたち　目次

壊れた身体の夢

目を開けると病室が見える。また音が聞こえてくる――機械の低いうなり、看護師がさっさと動く音、集中治療室《ICU》の隅にあるモニターの信号音。頭を少しだけ動かす。部屋の周りにはカーテンが引かれていて、光は弱い。真夜中。横たわって壁を見つめているうちに自分の身体が意識される。身体のパーツを点呼する。自分が存在していること自体が、ひどく痛みに満ちて奇妙なことだ――私はこの壊れた肉体からいわば脱臼している。神経は爆発でずっとショック状態にあり、首から下のあらゆる部分がざわついている。それにブーンという音――麻酔が痛みを鈍らせて周波数を変えたので、ただのホワイトノイズのように感じられる。慣れ親しんだシナプスの地図に沿って脚を探すけれど、いまその脚は遠く、鉛のような腕と痛む背中の向こうにある熱い溶鉱炉のようなもののなかでゆらめいている。やがて傷と打撲が鮮明に感じられ、ホワイトノイズが痛みに変わる。

ひるんでPCAボタンを押す。それはうなりをあげて中心静脈にモルヒネを押し出し、私はまもなく意識を失う。

最初の数週間で、ショックと薬物と数え切れないほどの手術がすべてをゆがめた。目覚めているときにも夢がよぎり、なにもリアルに感じられない。どうやら想像力が、起こったことから私自身を守っているようだった。それに促されて病室をうろつき、振り返ってベッドとそこにおさまる自分の身体を眺め、子供のころから知っている場所へと移動した。家と学校と、はじめてひとりで自由に買い物に行った中心街の夢想へと——幼い日の遠足は、目覚めた先の患者としての世界よりもはるかにリアルだった。まるで想像力がとつぜん暴走し、傷ついて奇妙な状況にある私を支配し先導するためにあらわれたようだった。それは私に受け入れさせようとしていた——自分のものだと頭ではわかっている、管とワイヤーで病院の壁につながれて痛みに満ちた身体を。壊れた身体を。左脚は膝の下から、右は大腿の途中から失われていた。

ずっと記憶を手探りしていた——あの瞬間、両脚を失ったと気づいて目を見開き、息をつめていた。脚が見つからない。そのことを医者や家族から知らされてひどいショックを受けるといったことはない。そのかわりたくさんの——深く心地よい眠りからの、麻酔による忘却からの、恐ろしく鮮やかなほどシュールレアリスティックな夢からの——目覚めがある。そのひとつひとつが馴染みの自己像を少しずつ減退させ、形成されつつあったあらたな自己像への道を開く。

毎年七月十八日が近づくと、人生がいかに一変したかをあらためて考える。聞くところによると、アメリカの退役軍人はそれを「再誕日《リ・バースディ》」と呼び、第二の生を祝うのだという。最初の年、私はその日にしるしをつけた。大勢の友人をフラットに招いてバーベキューをした。パーティーだけで、スピーチもケーキもなし。そしてほとんどの人は、この日付の意味を知っていても口には出さなかった。年月が経つとイベントも控えめになった。パブで一夜を過ごしたり、夕食どきにグラスをかかげたり。そして去年は、昼食どきに友人から受け取った一通のテキストメッセージに**よい一日を**とあったが、なんのことを言っているのか気づくのに数秒かかった。

即席爆発装置（ＩＥＤ）を踏んだ瞬間は記憶に焼き付いている――それが起こったまさにその日のように、完全に思い描ける気がする。だが忘れられないとはいっても、ほかの記憶と同じように当てにならないものでもあり、思い出すたびごとに改変され、潤色されているとは思う。そのことについてじっくり考えることはもうない。十年が経っていて、あまりに多くの経験がその日と現在のあいだに積み上げられている。見る夢も以前とは違う。眠りのなかで見る自分に脚の有無はなく、ただ私というものが見えている。それに、病院で横たわる壊れた身体を空想する仕方も変わった。それは望ましい姿でも恐れるべき姿でもなく――普通のことになった。喪失は深く悲しまれ、受け入れられていた。私はたんなる犠牲者ではないし歩けないわけでもない、といって障害から完全に自由なわけでもない。そしていくつかの可能性が収縮するいっぽう、べつの地平が広がってもいた。もしいま時間を巻き戻し、爆弾を踏まなかったことにできると言われても、私はその提案を拒むばかりか、人生のあらたな部分を失うのを恐れるにちがいない。そうなればいまの私のアイデンティティは変わり、私をいまの私たらしめている経験のすべてが、よいものも悪いものも、消え去ってしまうと思うのだ。

また七月十八日が来る。この年は、リム《義肢》・フィッティング・センターからの面談予約のメールに記された日付でそれを思い出す（コンピューター制御の膝継手には点検が必要なのだ）。遅刻しそうだ。昨夜から大変だったから。ふたりの子供が順番に目を覚まし――ひとりは風邪をひいていた――、いま娘は服を着るのを拒んでいる。私はどちらが保育園の送り迎えをするかをパートナーと話し合いながら、脚を装着する。無意識の作業だ。断端にライナーを巻き、ソケットにカチッと差しこむ。新鮮さもないし、たじろぐこともない――マッスルメモリーは十年かけて強化されている。それからコンタクトレンズをつける。ひとつはいつもどおりに入るが、もうひとつに目が萎縮し、レンズは指のほうに押し戻され、ぺしゃんこになる。もう一度押しこもうとするが、床に落としてしまう。

三十代のはじめごろに眼鏡をかけはじめた。かけたときの感じと、レンズが視界の前に立ち塞がるのが嫌だったので、コンタクトを試した。「一日に数時間からはじめてください」検眼士は言った。「目を慣れさせないといけません。耐性をつけるんです。夕方には取り出して、目を休めてください」

「義足に慣れるときみたいにね」と私は答えたが、彼にはなんのことかわからなかった。

服を途中まで着た娘がシャワー室のドアをばんばん開け閉めしている。宇宙船に乗って月へ行こうと言う。私にも乗ってほしがっているが、私はレンズを探している。見つけた。床からつまみ上げ、口で洗って目に入れる。彼女を説得して宇宙船から出して階下に向かわせるあいだも、痛みで涙が出る。面談には脚のリモコンを持っていかなければならない。涙でかすんでいたが、鍵入れにそれがあるのが見える。朝食どきの混乱をパートナーに丸投げするのを謝って、外に出る。

中央ロンドン病院を目指して車を走らせるあいだも目をこすり、コンタクトレンズの裏にあるものを押しのけようとする。間違いなく角膜を傷つけている。首を伸ばしてバックミラーを見る。目は炎症のせいで充血し、閉じようとする。気が散って運転しづらいので、レンズをつまみ出してはじき飛ばす。これで今日一日は世界の半分をぼんやりとしたもやに浸したまま過ごすことになる。このときばかりは両脚も、いちばんじれったい医療器具ではなくなっている。

渋滞につかまって、近視のかすみ越しに道ゆく人々を眺める。学校に向かう子供たちが走って花壇のへりのレンガに跳び乗り、ぶつかり合いながら笑う。年長の歩行者たちのあいだを自由な原子のように動き回っている。私は気づく——通りをゆく大人たちのほとんどがかすかに足を引きずっていたり、歩調が一定でなかったり、眼鏡をかけていたり、肩のいっぽうが反対側より下がっていたりすることに。向こうの男性は電動カートに乗っている。若いときのしなやかさを失い、老化してゆく身体。

若さの喪失を遅らせ、修復し、交換するために使われているテクノロジーを探す。今朝、ここにいるどれほどの人が病や痛みのために、あるいは食事や気分や思考力を向上させるために、薬を飲んだだろう？　女性がひとり、ステッキを中心にして腰を左右に動かしながら、この車の横を小刻みに歩いて通り過ぎていく。骨盤移植をしたか、その待機者リストに載っているのだろう。あちらではパンツスーツ姿の女性がせかせかと人々のあいだを通り抜けていく。ペースメーカーが彼女の心臓を規則的に動かしているのを想像する。さっきの子供たちがすべるように角を曲がり、スクールバッグの向きをくるりと変えていなくなる。

後ろでバスが停まる。私は下のデッキに座っているティーンエイジャーを見る。スマートフォンに向けて首を傾け、肩を屈めて、耳には白いイヤホンを挿している。彼だけの現実に宙吊りになっている。

二十一世紀に脚を失っても、異端とは言えない。私たちはみなハイブリッドだ。そしてだれもが喪失を経験している。ある人は若さを喪失し、ある人はそれよりもっと深刻な喪失を経験しているだろう。そうして失ったものをべつのものと交換できる――人間と機械を結合する――という可能性は、かつてないほど高まっている。人工の骨盤や膝関節が身体の可動期間を引き延ばし、ステント手術やバイパス手術が寿命を延ばし、人工網膜と人工内耳が損傷した知覚を強化する。テクノロジーが発達し、私たちの寿命が延びるとともに、人工装具や矯正器具、インプラントや着脱式の補助機械を利用する見込みも増える。

車を発進させる。道を塞いでいたものが取り除かれたのだ。アクセルペダルの振動が義足から伝わってくるのを感じる。

私は前線《フロンティア》にいる。パイオニアたちとともに。

ハイブリッドになる

ＩＥＤを踏んで負傷したのが中央ロンドン病院の駐車場を歩いているときだったとしても、ごくわずかだが生き延びるチャンスはあっただろう。だがここから四千マイル離れた十年前のアフガニスタンにおいて、私の生存率はそれよりはるかに高かった。当時私は二十一世紀の戦場における容赦ない熱波の下、灌漑された荒野の一画の、山羊の糞混じりの汚泥にいたが、負傷から生還するのにここ以上の場所はなかった。十八分以内に、世界最高の外傷病院〈キャンプ・バスティオン野戦病院〉に運ばれた――なんとか助かる分だけの生命力を残して。

障害者になるいきさつとしてはいささか劇的で風変わりなほうだった――私がほかと区別され、あわや死にいたるところだった、はじまりの物語だ。[*] 生き延びられるかどうかもあやうい状態にあ

＊そのとき、私は自分が思っていたよりはるかに大きなコミュニティの一員になった。イギリスでは全人口の五人にひとりが障害者である――千百万人だ。生まれつき障害がある人はそのうちわずか十七パーセント。残りは加齢や深刻な病気や突然の事故による損傷で負った障害である。

って、私はなんとか状況を理解しようとしていた――ぼんやりと覚えている自分のイメージを、もっと現実的なものと入れ替えようとしていた。

叫び声と、ヘリコプターの騒音と、胸にのしかかる痛みを思い出す。死の巨大な拳に握りつぶされる小さな身体。必死に私を救おうとしている人々の存在を感じていたが、じかに見た記憶はない。目を硬く閉じていた。歯を食いしばっていた。そこには激痛と恐怖の内的な宇宙が広がっていた――消滅に抗う、ひどい痛みに満ちた戦い。経験が小さな点に縮まっていく、全存在をかけてその縮小と戦わなければ死ぬ、という圧倒的な感覚があった。だが実際に私を救ってくれたのは、二十一世紀の複雑に関連し合う一種のテクノロジーと、その使いかたを知っている人たちだった。私は障害を補助するテクノロジーの前に、生存のためのテクノロジーに囲まれていたわけだ。

担当の戦闘医療技術者《CMT》に会ったのは負傷からわずかひと月後のことだった。私たちは兵舎にある赤レンガ造りの食堂でお茶を飲んだ。いいひとときになるだろうと思った人たちの計らいで、彼女は私の前にあらわれた。人々が興味津々で見ていた――**この人が彼の命を救ったんだ――彼はなんと言うだろう?** 自分を死の瀬戸際から引き戻した人にたいしてなにを言えばいい? 私はみんなの視線を感じながらお茶をすすった。

「B伍長、お変わりないですか?」が私に言える精一杯だった。

気詰まりだった。ばつが悪くなった私は、自分たちがやり遂げたことについて話した。

負傷した朝、B伍長は私の数ヤード後ろを巡回しており、生理食塩水、胸腔ドレナージ、化学血液凝固剤、止血帯、包帯を満載したバックパックを背負っていた。私たちが戦争で学んだもっとも有用な教えのいくつかは医療に関するものだ。なによりも重要なのは外傷にできるだけ素早く対処すること、適切な人間と設備を可能なかぎり前方へ、はるばる前線へと押し進めることだ。爆発の数秒後には彼女がそばにいて、応急処置をし、止血帯を締め、気道を確保した。

だが複数の傷口から血を失いつづけ、呼吸も止まり、ショックがはじまっていて、この遮るもののない戦場からも離れなければならなかった。「死活の一時間《ゴールデン・アワー》」は救急医療の主柱だ。深刻な外傷を負った者の生存率が上がるのは、負傷してから六十分以内に決定的な治療を受けた場合である。* 第一次世界大戦の負傷兵は、爆弾が落ちた後の水浸しの漏斗孔で何日も待ち、運がよければ生き延びてストレッチャーを担いだ者たちの到着を見届け、駐屯地まで運ばれた。その待ち時間は第二次世界大戦時に十時間にまで縮んだ。朝鮮戦争では五時間に。ベトナムでは一時間に。ヘリコプターが時空間を無効にした。私を運んで荒野を抜けたヘリコプターは、地雷源を曲がりくねりながら走る十時間のドライブを数分のフライトにまで縮めた。

数年後、とあるパブでMERT（救急医療対応チーム）のヘリコプターパイロットに出会った──友人の友人だった。私たちはビールを飲んで話しながら、そのときバーにいた一団からそっと離れていった。話題があまりに苛烈だったからだ。話すほどに、彼はその話題に身を削られているようだった。私を確かめるように見つめ、自分が運んだなかに私がいたかどうかを見定めようとし

*アメリカ合衆国の医師R・アダムス・カウリーは「死活の一時間《ゴールデン・アワー》」を提唱した中心人物だ。彼の一九六〇年代の仕事が世界の外傷医療の基礎を作った。カウリーはまた、ドワイト・D・アイゼンハワーが使ったペースメーカーの原型を発明した。彼にちなんだ名前の開胸手術用の鉗子もある。

ていた――私が生き残ったことになんらかの贖罪を、**やるだけの価値はあったのか?**という問いになんとか答えられそうな意味の欠片を、見出そうとしているようだった。

ＭＥＲＴには外傷チーム（救急医療士二名、麻酔医と救急医療コンサルタント各一名）とあらゆる医薬品、器具、人工呼吸器、負傷箇所のモニター器具を運んでいた。負傷者は砂埃のなかを担架で運ばれ、タラップを上がり、ヘリコプターの床に下ろされる。チームが患者を取り囲み、救出にとりかかる。血液と水分を送り込み、荒々しく傷を包み、気道を確保して挿管し、痛みを和らげ、安定させる。こうしたことが起こっているあいだ、空挺の救急治療室はあちこちに揺れ、騒音がもっとも大きい叫び声以外をかき消す。九年以上におよぶ紛争のなかで、ＭＥＲＴは数え切れないほどの負傷者をピックアップし、まだ荒野の上を飛んでいるうちから治療にとりかかってきた。

もっと最近になって、とあるプロジェクトを話し合うため、ひとりの医師とコーヒーを飲んだ。一度も会ったことはないと思っていた――彼はインナーシティの外傷センターの外科医で、刺されたりした子供たちの手当てをしていた。ふたりでマグカップを持って腰を落ち着けると、彼が灰色のコピー用紙が挟まったクリアファイルを押し出した。私はそれを引き寄せた。コントラストは乏しかった。色つきの紙に医師が鉛筆で手書きしたものの、グレースケールのコピー。

「なんですか?」

「あなたがバスティオンにはじめて来たときに受けた手術について、私が書いた覚書です。ご覧になりたいかと思って」彼は「**方針変更**《ライト・ターン》」と書かれ、下線が引かれているところを指さした。「あなたは**方針変更**のきっかけになったんです――ヘリコプターからまっすぐ手術室に入った最初の人でした。時間が節約されました。患者に救急蘇生法を施す意味がないとわかった――結局は外科手術で終わるわけですから。あなたのあと、それが標準的なプロセスになった。いまでは国民保険《NH》サービス《S》内でもそうしています」

「あそこにいらしたとは知りませんでした」私は言った。

「印刷が悪くて申しわけない」彼は言った。

拾い読みしてはっきりわからなかったり、医師用語が理解できなかったりしたときには彼が説明してくれた。**左膝下切断。脹脛《ふくらはぎ》中央の柔組織喪失。遠位脛骨喪失（止血帯あり）。右脚――臀部の柔組織の大部喪失（大腿中央部に止血帯あり）。両腕に破片手榴弾による損傷。陰嚢に破片手榴弾。左の睾丸喪失。**

「これはどういう意味ですか？」

彼はその箇所に目をやって文章を読み上げた。「**創面切除の最終段階に血圧収縮期で五十五の急低下により腹壁切開**――最後の最後に最悪の状況になっていると判断して、私が切開することになったんです。血圧が急激に下がっていた――心臓が収縮しているときに、五十五という数値はきわめて低い」

私の腹部には大きな傷跡が垂直に走っていた。長さは十五センチ、白い小さなこぶになったホチキスの列に縁取られ、へそを避けて鼠蹊部に向かっている。なぜ傷がそこにあるのかを私は知らなかった――複数の傷のなかのひとつの傷にすぎなかった。

「かなりの緊急事態でしたね」と彼は言った。

この男は大胆に私を切り開き、臓器をいくつかどさっとどかし、なかを検分したあとですべてしまってから、縫ってホチキスでとめて元通りにしたのだ。

あそこの医療者たちは圧倒されて判断を躊躇《ためら》うということがなかった。人間が失いうるものの限界をさまざま扱ってみて、どこまでが可能かを試してもいたのだ。二〇〇九年の時点で、バスティオンの野戦病院に着いたときにほんのわずかでも命の兆候があれば、外傷が原因で死ぬ確率は一・八パーセントにまで下がっていた。私のように多量の輸血を受ける状況でも、死亡率は四・八パーセント。民間の外傷センターではその数値が三十パーセント近くにまでなる。

痛みに歯を食いしばりながら死ぬと思っていた次の瞬間、目覚めるとバーミンガムの病院にいて、紛争地帯から運ばれて想定外にも生き延びた者たちと一緒にいた。* じゅうぶんに回復すると集中治療室から出され、共同病室にいる人々に加わった。みな治療のさまざまな段階にいた——包帯を巻いた者、眼帯をした者、四肢を固定ケージに入れている者、肉を生かすために手を腹部に縫い付けている者——点滴スタンドとモニターの森のあいだには、ヘリウムガスで浮かんで輝くお見舞いの風船と、空のマクドナルドの紙袋。

だが共同病室を訪れた人々の多くがあたりを見回し、もっとも深刻な負傷者を見留め、口にこそしないが思い浮かべる問いはこうだった——**生き残らないほうがまだいくらかよかったのでは？**この疑問はさまざまに違った形で、ときには私自身の負傷についても投げかけられた。

「もし自分が同じ目に遭ったら、やっていけるかどうかわからないよ」そう来訪者のひとりに言われたことがある。彼はお世辞を添えた。「きみはすごくよくやっているよ、ぼくにとってもほんとうに刺激になる」私たちは生き延びるはずがなかったところを生き延びおおせたひと握りの兵士で――その物語は私たちの身体に刻まれている――、彼にはそのことが理解できていなかった。

憐れみをこめて握った手を大げさに振る人たちに、私は怒った。私の身体がこれ以上努力する価値がないほど損なわれているとほのめかせるのは、人間が適応する可能性を想像できないからではないか。それに彼らの悲しみは、なにかもっと根深いものを暗示していた。つまり私たちは、人間らしさについての――身体には「普通」の形状があり、そこからの耐えられないほど深刻な欠損というものがあるのだ、という――凝り固まった考えから、自分自身の身体を切り離すのに苦闘しなければならないということを。

彼らに見えていなかったのは、物語ははじまったばかりだということだった。私たちの前には、実現しなければならない変容があった――医療とテクノロジーがこれから私たちを修復するのだ。だがあのころは、私たち自身にもどうなるのか想像がつかなかったし、共同病棟じゅうで交わし合っていた冗談とからかいが、悲しみと不確かさの両方を隠してもいた。身体的な傷は耐えられないことはなかった。はるかに難しいのは、この喪失が自分らしさの感覚にあたえた影響を受け入れることだった。想定外のサバイバーたちの部屋で横になり、これからどうなるのか、と考えていた。私はどんな人間になるのだろう?

＊負傷したのが一年早かったら、私は生き延びられなかっただろう。さまざまな経験や技術やテクノロジーのすべてがまだそこにはなかった。

数度の手術で、私の身体は針と植皮と糸で縫い合わされた――身体はあたらしく、より小さい、それでいて生命を維持できる形になった。身体を回復させ、感染症がひくまで病院で待つあいだ、私を生かしていたのは看護師たちと家族による投薬とケアと、そして愛情だった。私は生き延び、障害を得て、ようやく身体の機能がどれほど失われたのかを知ろうとしていた。

医師の判断で、私は軍用リハビリセンターに送られた。このセンターでの最初の数週間に廊下にいる私を見た人は、さまざまなことに気づいただろう――なくした脚、黄色い分泌物で汚れた包帯、爆弾の破片でできた前腕の黒いしみ、車椅子の上で痩せて背の丸まった身体、傷と薬品液の鼻をつく匂い――いっぽう、目には見えないあれこれもあった。負傷の痛み。だれにも説明できない、首のなかでぶんぶんいう音。一日二回服用していた十六種のカラフルな錠剤がもたらす混迷。**これがいまのおれなんだ**、という恥ずかしさ。そしてもっとも深くに隠されていたのは、ぎりぎりと軋むような極度の疲労だった。私が感じると期待していたものや、私が私自身であると感じる経験が、現実の感覚ともはや合致しないときにそれを感じた。

縮んだような気がした。治癒の過程で脂肪と筋肉が消費され、腕は棒のように細くなり、胸郭は浮き出た。なにもかもに届かなかった。高い棚にも、床に落としたものにも、砂利道を隔てた向こうの建物にも。ジムも巨大に見えた。トレーニングインストラクターが手渡すダンベルも大きかった――わずか一キログラムしかないのに。異なる回復段階にいるほかの負傷者たちをジムのマットの上から見ると、色つきボールや棒を持ち上げたり、バンドを伸ばしたりしていた。人生を一変させた負傷と折り合いをつけるのは個人的な作業だが、すぐにこうした人たちと知り合うようになった。私はひとりではなかった——私たちは共同体だった。私たちは想定外のサバイバーであり、若くて健康で、時代遅れの研究に基づく「起こりがちな結果」を嘲笑うような回復をやってのけるポテンシャルを持っていた。

そこへ来て数週間が経ったある日の午後、私のと似たような傷で二ヶ所の切断手術を受けた人が廊下を横切るのを見た。私はもがいてベッドを出て車椅子に座り、ドアまで進んで彼を見た。彼は杖も持たず、エレベーターを素通りして階段の吹き抜けに消えた。あとになって、彼もまた別種の壁にぶつかっていた内気な海兵隊員だったとわかったが、そのときの私はまるで自分が新入生で、登校初日に二年生の生徒——ありえないほど自信に満ちて、こちらを萎縮させるような——を見たような気がした。そして、あんなふうに成熟している自分を想像することはとてもできなかった。

私はほとんど未知の生活をはじめていた。手足を失った人にたいする私のイメージは多くの人々と同様にステレオタイプで、極端に偏向していた。片方の極には、街角にいる、ズボンの片脚が空っぽのホームレスの物乞いがいて、もういっぽうには炭素繊維製の義足で競走用トラックのコーナーを全力疾走したり、コンピューター制御の膝継手でふたたび踊ったりする超人たちがいた——負傷を克服して、普通の生活、ことによると並外れた生活さえ送っている。

病院に来て最初の数週間は、未来のことを考えても、また歩ける自分を想像できないことに気づいた。見下ろした身体はとにかくあまりにお粗末で、不完全なものに思えた。私はそれを受け入れた——生き残ったのでじゅうぶんということみたいだ、と。きっとこれからも車椅子生活で、必要なときだけ義足をつけ、杖をついてよろよろと進むんだ、と。それでもそのことに希望を見出せていた。だが、さらに鼓舞されるような話を知るのにそれほど時間はかからなかった。それは雑誌やインターネットに載っていたり、実際にリハビリセンターで私の目の前を歩いて横切ったりした。もどかしくなった。**どのくらいすぐに歩けるようになるのか、走れるようになるのか、いつまた私自身になれるのか？**

さまざまな可能性が陽気にどんどん提示されるうちに、私たちは、SFの夢想が夢でなくなり、人造のボディパーツが元の身体性能を凌駕する、そんなテクノロジーの地平に接近している気がしていた。私は見た――パラ・アスリートが健常者と競争するのを、電子装置で強化された手が思考力で動くのを、麻痺者が外骨格スーツのロボット補助によってふたたび歩けるようになるのを。テクノロジーと肉体が協働して、人間の脆さや喪失を乗り越えるのを。

両脚を失ってから十週間後、はじめて義足の上に立った。体重をソケットにあずけると、断端が万力で締められたような感じがした。術後の傷はまだ生々しく、過去八週間で癒えたものすべてが押しつぶされた。いわく言いがたい感覚が激しい嵐のようにほとばしった――画鋲を踏んだ、ペンチで爪を剝がされた、皮のはがれた足に塩を擦りこまれた。息を吞むほど痛く、気味悪い瞬間だった。それに、こわばっていた背中を急に伸ばして背丈六フィートになったことによる目眩もあった。ずいぶん長いことベッドと車椅子で過ごしていたからだ。だがリム・フィッティング・ルームで平行棒のあいだに立ったとき、両腕は体重を支えて震えてはいたが、顔を上げると義足によって身体が完成しているのがはじめて見えて、笑みがこぼれた。

理学療法士のケイトと義肢装具士のマークという、私の人生にとって突如、ほとんどだれよりも重要になった人たちが、私が倒れたときに支えられる距離まで近づいて身構えながら見つめていた。

「具合はどう?」

ふたりは脚をさらに調整できるかどうかを知ろうとしながらも、微笑んでいた——両脚を失ったあとで立つことが人をどんな気持ちにするのかを、よく知っていたのだ。

私は座った。痛く、異質な感覚で、言葉にならなかった。でも口にしてみた——するといままでに言ったことのない言葉が出てきた。「骨の先っぽで立っているみたいだ」

彼らは義足を外すように言い、断端の先を覆うための小さな白いソックスをくれた。「体重が減っているんだ。傷の炎症がおさまるまでは、肉づきを失いつづけるだろう。また型をとるまでは、ソックスをひとつかふたつはけば感触がましになるよ」

私はまた義足を押し付けて装着し、車椅子から立ち上がった。

「歩いてみて」とケイトが言った。

最初の一歩を踏み出すと、その小さな一歩で義足が目の前に進み出て、それがカーペットに触れると、刺すような痛みがあった。それまで経験したなにとも違っていた。これまで**踏み出す**ときにやってきた思考は期待していた結果を生まず、断端から吊るされたパーツの塊も反応しなかった。義足はじれったいほどだらりとぶら下がっているだけで、私にできるのは股関節を大仰に動かしてそれを生きているかのように動かすことだけだった。苛々して思わずささやいた、**動けよ、いけ、**

踏み出せ。でもそこにあったのは虚空だけだった――かつては活き活きとした、敏捷な肉体があったのに。脳はまだ脚があると思っており、神経はいまも根元で切断された筋肉に信号を送っていた。だがその指令に反応はなく、結果として痛みと、床を引きずる不安定な歩みと、膝義足の突然の屈折が起こった。

さらに数歩歩いたときに起こったのは次のようなことだった。ケイトが**上出来**、と言ったすぐあと、私はしだいに慣れを感じて自信過剰になり、生身の膝（実際は手術で切断され焼却されていた）をぴんと張ろうとしたら、代替器具ががくっと崩れた。転倒はそれからの数ヶ月で当たり前になったけれど、はじめの一回は恐ろしく痛かった。落下を止めようと反射的に脚を突き出した。ほんとうの脚――かつての自分であれば、この躓きをたやすく止められるはずだった。だがそうはならず、足の亡霊は床に消え、義足が断端からずれ、生傷がソケットの内側で擦れた。その痛みは肉体的なものだけではなかった――それはリアルにあらわれた、喪失そのものの痛みだった。

マークとケイトに支えられて椅子に座った。真っ青で汗だくになりながら義足を外した。断端の先の傷が開き、見事に球形の血がカーペットに落ちた。それを吸い取るペーパータオルをケイトが渡してくれた。今日はもうたくさんだ。私はリハビリ台からスライドして車椅子に座り、それを転がして自動ドアから出た。共同病室に着くと看護師が傷を消毒して包帯を巻いてくれ、私はベッドに倒れこんだ。圧迫から解放された両脚の断端はじんじんしていて、昔の神経の末端には幻影がつきまとっていた。

リム・フィッティング・ルームを訪れ、車椅子を転がし、壁に立てかけられたたくさんの義足のなかから自分のを取り上げるのは、繰り返すほどに簡単になっていった。義足というものの目新しさにもかかわらず、親しみが出てきた。義足は肉体があると脳が想定しているスペースを埋めてくれ、私をふたたびまっすぐ立たせ、自分にかかる重力を普通らしく感じさせてくれた。ものすごく奇妙だったのは、見た目がごく自然だったことだ。下を見ると突如として靴があった——かつてそれがあるのをよく見ていた、まさにその場所に。平行棒を歩いて行ったり来たりしていたが、やがて覚束《おぼつか》ないステップで松葉杖をついてリム・フィッティング・ルームを横切るようになった。二本の杖をついてリハビリセンターの廊下を歩いていたが、やがて風の吹く庭の砂利道を進むようになった。やってみるたびに少しずつ簡単になっていった。違和感は上達するごとに薄れていった。

この身体を望んだことは一度もなかったが、私は私自身であることを楽しみはじめた。人間の適応能力のおかげで、ふたたび歩くのを学ぶことにわくわくできていた——痛みと違和感にもかかわらず、喜びもあった。身体的な挑戦とゆるやかな改善は、外傷への処方箋だった。私には集中すべき目的があった。もう二度とできっこないと一度は思ったあとでふたたび歩くことは、魔術に触れることに近かった。様変わりした身体を持つ未来に希望を抱くことができて、こうでなければ経験しないかもしれないあらたな経験に満ちた人生が待っていること、またひとりで立つことができるだろうということを確信していた。

やがて、リハビリセンターで一年過ごして退院し、私はあらたな身体で世界に送り戻された。

リハビリセンターでの経験に励まされていたが、いまではよくわかるように、現実の日常生活を学ぶのはまた別の挑戦だった。ついに退院したとき、金メダルを勝ち取ったか終生の目標を達成したあとのような憂鬱がやってきた。身体的リハビリという確固とした目的はもうない。**次はどうすれば？** これには落ちこんだ。それは、これからもまったく良くなりはしないんだという気づきでもあった。この障害は永遠のものなのだ、と。自分の身体とそれをアシストする技術を制御しながら、残りの人生を生きなければならないのだ、と。

私はすぐにいくつかの別のゴールを見つけた。ふたたび訓練を積み、あたらしい職につき、結婚し、子供たちが生まれた。幸せだった。十年が経ったいま、子供たちを肩に乗せ、通勤し、手を繋いでパートナーの横を歩けている――切断者であることは普通のことに感じられる。この十年間を振り返ると、自分がいかに変わったかもわかる。私にはあらたな身体と異なるアイデンティティがある。そしてまた、自分を支えているテクノロジーにいかに依存しているかもわかっている。それらがなければ、私はいまのようではありえない。

だがリハビリセンターから退院して十年が経ったいま、私はふたたび、まだひっくり返されていない石がないかを確認する必要に迫られている。あたらしい、よりよい解決法はないのだろうか？いま使っているテクノロジーとの関係を改善できないだろうか？ それにおそらくなによりも重要なことだが、こうなった私という人間――いまの私は爆弾を踏んでいなかった場合の私とあまりにもかけ離れている――に、それらのテクノロジーが及ぼすインパクトを理解できるだろうか？ 予期せぬ生存から十年後、私は青年期の内省ともいうべきものに足を踏み入れていた。社会と私の同胞たちに向き合うためには、自分がいったい何者なのか、どのように周囲に適応しているのかを明らかにしなくてはならない。

見回すとだれもが、テクノロジーとの関係をどんどん深め、より親密になるという経験をしている。私たちはみななんらかの形で装置に接続され、それが私たちの肉体と脳を変容させている。おのずと、障害者と健常者の区別はぼやけてくる——実に多くの人々が不完全な生身をテクノロジーで補っている。**障害者**《ディスエイブルド》という言葉を便利に使うことをやめられるのではないかとも思えてくる。その用語は肝心なことをまったく言い当てられていない。なにしろ、そう遠くない未来には、テクノロジーが私を健常者よりも有能にする可能性があるのだから——いまでさえ私は義足を装着しているときのほうが有能で、つけていないときのほうがはるかに依存的であるという、奇妙な状況に置かれている。逆説はすでにあるのだ。ちょっと見るだけだと、私は通りを行くほかの人と変わらないほど速く、背を伸ばして歩いている。それに支払われたコストと努力は見えないので、外面的にはテクノロジーが私を修繕したように見える。

障害者という言葉はずっと居心地が悪かった。それが法的な区分となって私を守っており、自分がそれから恩恵を受けていることは理解しているけれど、私はそれを押し返してきた。ラベルを貼られたくないのだ。私が使うようになったテクノロジーのほとんどすべて、そして私の過去十年間の大部分が、身体的欠陥を克服することに費やされてきた——だが障害が当たり前で真に受け入れられ、障害者という存在を作り出す社会の態度と構造が消えた世界に暮らしたら、どんな気分がするだろう?

あたらしいカテゴリーには慎重なつもりだが、私の感じていることをよりよく説明する言葉がないかを探している。**サイボーグ**と**バイオニック**《生体工学の》は、抱えているものが重すぎる。あまりにも多くのフィクションと非現実的な期待を呼び起こしてしまう。**異なる身体能力を持つ**《ディファレントリー・エイブルド》はたんなる言葉遊びだという気がする。そういうわけで、私は自分を**ハイブリッド・ヒューマン**と呼びたいと思う。これは私にたいしてのみのラベルで、他人に押し付けるつもりはない。ハイブリッド自転車にハイブリッド・カー、ハイブリッド・ワーキング――流行りの言葉ではあるし、完璧でもない。だが「ふたつの異なる要素の組み合わせ」というのがぴったりに思えるのだ。それに**ヒューマン**が含まれているのが気に入っている――人間であることはなににもまして私が実感していたいことで、「サイボーグ」や「バイオニック」や「障害」からは消えている。ここで言うハイブリッドは、さまざまな事物の――ヒトへ異種移植される豚の心臓の、ロボット工学とＡＩ（人工知能）の、遺伝子工学とあらたなインターフェースソフトの――融合であり、混合物であり、集合だ。これが私の経験を記述するための比較的ましな方法であり、いくらか偏りの少ない用語だと思う。

　私がもはや障害者ではなく、ハイブリッド・ヒューマンだとしたら？

　ここに続くのは、人間‐機械の前線における物語を探し求め、人間が医療テクノロジーに依存することの意味を問う旅である――身体の取り替えと強化の日々のリアリティが、ひとりの人間をどんなふうに変えるのか。そして最周縁――怪物とサイボーグがひそみ、アイデンティティと社会の伝統的な意識をテクノロジーが解体するかもしれない場所――にいる人々が、私たちについてなにを話すのか。

金属の亡霊たち

ロンドン博物館の巨大な倉庫の奥深く、細長く天井の低い、窓のない部屋にいる。奥では明滅する蛍光灯が棚のあいだに光り、こちらの片隅では、鉄の肺《アイアン・ラング》がオフィスビルの裏に積まれた車輪付きゴミ箱のようにひしめき合っている——古いSF映画に出てくる、静止した深宇宙に浮かぶ小道具めいたクリーム色の棺。これらの金属のタンクのひとつから突き出た頭部が、密閉用ゴムに首を縁取られて天井を見つめている。そして私が観察窓——看護師や介護人が覗くための小窓——を覗きこむと、見えるのは彼の残りの姿だ。機械内部の、凍りついた時間のなかにいる。彼は最後に出展されたあとで、ここにごろごろと押し戻されたのだろう、ほかのあらゆるものたちとともに、長い眠りにつくために。このマネキンに惹かれる。それは箱のなかに囚われて動かず、闇のなかにしまいこまれ、この機械が仕えた人々のための神殿の役割を果たしている。

私は三つの国立博物館のコレクションのホームである〈ブリス・ハウス〉を訪ねることを許され

た最後の人間のひとりだ。五と二分の一エーカーの敷地が売却され――アパートとモーテルになる予定――三十万点におよぶ科学博物館のコレクションは並べられ、分類され梱包され、より交通の便がいいウィルトシャーの旧英国空軍基地のホームに送られるのを待っている。

応接室で待っているあいだは心が少し乱れていた。そこは牢屋と実によく似ていて、私は奇妙なデジャヴの感覚を得た。面会時間を知らせるブザーが鳴るのではないかとさえ思った。スチュワートという、私を案内してくれることになっていたキュレーターの説明を聴きながら建物に入ると、以前にも見たことがあるような気がした――よくテレビや映画のロケで使われる場所なのだ。もともとは郵便貯金局の本局だったが、一九七〇年代末に博物館に譲渡された。スチュワートが建物のかつての用途の名残をいくつか指摘するのを聴きながら私たちは階段を降り、医療史に残る品々を保管している部屋に向かう。

一九二〇年代末、技術者であり産業衛生士であったフィリップ・ドリンカーが、負圧の原理を応用して**人工呼吸を長期にわたり行う装置**をデザインした――史上初の鉄の肺だ。ドリンカーが小さな箱のかたわらに立っている写真がある。目を凝らすと、猫の頭部が箱の端に見える。歯茎が見え、歯がむき出しになっている。彼は南米の毒矢で猫を麻痺させて呼吸停止を誘発し、（数度にわたる失敗を経て）自身の着想を証明した――機械をポンプで動かし、解毒するまで猫を生かすことで。ドリンカーが特許を取ったこの機械は、金属のタンクのなかに人間の身体を封じこめる。一端にある密閉用のゴムから頭が突き出ていて、反対側には気密状態の機械のなかの圧力を上げ下げするポンプがある。患者の頭部がゴムで密閉されて機械の外にあることで、タンク内の圧力が下がると患者の胸が拡張され、空気が口から流れこむ。タンク内の圧力が上がると、肋骨が圧迫されて空気が吐き出される。

鉄の肺はただちにポリオに適用された。ポリオウィルスの流行は欧州と北米の一部で一九四〇年代から一九五〇年代にかけてピークに達した——夏に到来し、またたくまに広がって、冬が来る前に立ち去った。毎年、世界中で五十万の人々が麻痺状態になったり死亡したりした。どれだけの人が感染したかの記録は残すことができなかった——八十五パーセントは無症状だったからだ。症状があったとしても、ほとんどの人は軽症だった。喉の痛み、発熱、頭痛、嘔吐。それでも病は多くの不安を生んだ。親たちは夏の大流行を恐れた。誕生日会の招待は見送られ、運動場は無人になった。子供が発熱したら、親たちはただの風邪でありますようにと祈った。もし子供の四肢が動かなくなったら、彼らが麻痺をともなう脊髄前角炎になる不幸な〇・五パーセントなのかどうかを、なすすべもなく見守るしかない。もしそうなると、中枢神経システムは甚大な影響をこうむりうる。深刻な場合、麻痺は肋間筋にまで及び、患者は呼吸ができなくなり、死に至る。

世紀の半ばまでには無数の鉄の肺が病室に並び、そのほとんどを子供たちが使った。ポンプがシューと音を立て、看護師たちは圧力と呼吸回数を確認してベッドの傾きを調節し、子供たちの頭上にあるスタンドで開かれた本のページをめくってやった。ほとんどの患者は添え木をされた腕に可愛らしい玩具や人形を抱いて鉄の肺のなかで数週間を過ごし、やがて自力で呼吸できるようになるまで回復した。ほんのわずかなケースで麻痺はもっと恒久的で、そうなると彼らはこの巨大で、ひどく重たい器具に頼りつづけることになった。鉄の肺は居間の片隅に設置され、そのどっしりした存在は家庭生活を乗っ取った。なかには数時間だけ鉄の肺から出て学校や大学や仕事に行き、また休息のために戻る人もいた。そのなかで眠る人もいた。そしてひと握りの、麻痺が全身に及んでいた者たちは、機械に覆われたまま一生を過ごした。一九六〇年代の初頭までには、五十年かけて発展したワクチンが広くポリオを根絶したが、鉄の肺はわずかの不運な人々のために呼吸をつづけた。

冷たくて硬い肺のひとつに触れる。動かすには三、四人がかりになるだろう。看護師たちによってタンクに封じこめられる自分を想像した。鼻を掻きたい、と思う。ゴム製のカフが顎の周りで空気を吸いこみ、吹く。閉所恐怖。それでも、なんとか呼吸したいというパニックはあまりに恐ろしかったようで、ポリオの犠牲者の多くが、はじめて機械のなかに固定され、それに呼吸を代わってもらったときの安堵を語っている。私ははじめてリム・フィッティング・ルームで自分に義足をつないだときのことを考える——恐怖、安堵、痛み、気味悪さ。鉄の肺が生み出すのはそれよりもっと奇妙なハイブリッドだ。

いくつかの大人サイズの機械のあいだに横たわっているのは樽型の肺で、大きさは赤ん坊か小さい子供にじゅうぶんな程度しかない。

スチュワートが背後でそわそわしている。「同僚のなかには、この部屋ではひとりで仕事をしたくないという者もいます」と彼は言う。

私は振り返って棚のあいだを見通す。「あなたは?」

「ドアは開け放しておきたいところですが、大丈夫」

「鉄の肺を見たのははじめてです」と私は言う。「反ワクチン派に見せるべきものがあるとすれば、これですよ」

スチュワートが照明を消してドアに鍵をかける。私たちは通路を進み、彼がべつのドアを開ける。そこには過去の医療機器でいっぱいのキャビネットと陳列用ガラスケースと棚が列をなしている。私はその光景を前に立ち止まる。柄付き眼鏡、鼻眼鏡、より現代のものに近い二焦点レンズ。その隣ではガラス製の義眼が絹張りのトレーの上であちこちを見つめている。触りたかったけれど、しないでおく。スチュワートがゆっくりと歩いている。これらの品は十九世紀末の物たちだ。虹彩の色はさまざま。ガラスの輝きの奥に見える、精密に彩色されたピンクの毛細血管が不気味だ。

眼窩が傷つくのを防ぐのと、瞼に覆うものをあたえることで筋肉の運動を保たせる以外に、ガラス義眼の機能はない。美容《コスメティック》のための人工装具だ。だがそれを身につける者にとっては、とても意味のあることにちがいない。人は空洞になった眼窩や眼帯をしげしげと眺める。義眼があれば、生活しやすくなる。周囲からの視線は減り、仕事につきやすく、パートナーを口説きやすくなる。持ち主の気持ちはどんなものだったろう、瞼を持ち上げて薬用ドロップ形の義眼をそのなかにすべりこませ、ふたつの目に見返されるのは？

部屋にある多くの品物は拷問部屋から取ってきた道具のように見えるかもしれないが、これらは回復の、診断の、鎮痛のための——身体をまた完全にするための品々だ。人間を人間に保ち、人間だと感じつづけさせるための。

スチュワートが照明をパチンと切って背後のドアに鍵をかける。私に見せる部屋があとひとつある。

私は夫だ。父親だ。息子だ。きょうだいだ。友人だ。イギリス人だ。ロンドンっ子だ。ストレートの、白人男性だ。背は六フィート（かつては六フィート二インチ）で、体格は平均的。スポーツ観戦が好きだがひいきのチームはない（調子がいいときのイングランドはべつ）。失読症だ。復員軍人で、戦争に行っていたがそのことを考えることはそれほどない。死にかけたあのとき……とか、そんなふうには。

このリストは、私がどこに、だれといて、どんなふうに感じているかによって入れ替わる。そしてこのリストのどこかに、私はあらたなアイデンティティをはめこまなければならない――**切断者**、**障害者**、**治療対象者**。緊急救命室にいた数年前、抗生物質が切断面の感染症を治療するのを痛みと不安のなかで待っているとき、これらの用語すべてがリストのトップ近くにあった。だが先週、親しい友人と近況を話し合ったときには、そのどれもリストにはなかった。

私のアイデンティティ――私の自己への感覚――がこんなふうだとすれば、身体的な**私**を組み立てているもの（異質な要素からなり、相互に関連し合ってもつれ合う身体の素材）もまた、捉えどころがない。遺伝と環境の相互作用がここでも根底的な枠組みになる。それは母が妊娠したとわかる前の最後の一服から、今朝私が食べた朝食にいたるまでのあらゆることに影響されていて――すべてがいまこの瞬間の私の身体を形作っている。化学的な観点から見れば、私は約六十の異なる元素でできている。生物学的には、私の六十五パーセントは水分だ。そして体積の約三パーセントは人間とかけ離れている——一万種ほどのまったく異なるタイプの有機体だ。ウイルスや細菌やさまざまな原生動物と菌類が、身体じゅう、ほとんどは消化管のなかに棲んでいる。この人体に住む微生物叢《マイクロバイオーム》は私のうちのわずかなパーセントを占めるにすぎないが、その数は百兆にのぼる。私自身の細胞の数の十倍を上回っている。

だが私の身体——私が自己と結びつけ、また体現しているもの——は典型的とはいえない。六十八キロのうち六十キロは肉と骨のヒトであり、八キロが人工のハードウェアだ。（脚のほとんどすべてと、数ミリグラムのコンタクトレンズ。）すると私の十二パーセントは機械ということになる。このことは、私が人間であるということにとって、どんな意味を持つのだろう？　スチュワートと一緒に歩くことができていて、背丈が彼と似通っていて、彼と目が合うことが、私が自分を人間だと感じられるひとつの基準だとするなら、十二パーセントの機械は私の人間性にとってきわめて重要だということになる。

もし脚を取り外されて床に置かれたとしたら、例のリストはまた入れ替わるだろう。**私は恥ずかしい**、**私は無防備だ**、**私はひとりの人間に満たない**、がすぐにトップに躍り出る——公衆の前で裸にされるのにとてもよく似ている。私は下半身で床を押しながら、両腕のあいだで身体を揺らしてスチュワートに追いつかなければならないだろう。だからこそこれらの品々にこれほど心動かされるのではないだろうか。道具を使っていた人々にとってこれらがどんな意味を持っていたのか、私にはいくらか想像できたのだ。

二〇〇八年、テネシー州ジャクソンを嵐が襲った。木々が落下した電線の近くにダイアナ・オデールの家があり、停電した。彼女は六十年間、鉄の肺のなかで暮らしていた。その夜は非常用発電機が作動しなかった。家族は必死で手動ポンプを動かしたが、彼女は亡くなった。オデールがポリオに罹ったのは三歳のときで、麻痺が広がって呼吸ができなくなった。自宅の居間で、自分の代わりに音を立てて一生分の呼吸をするテクノロジーに包まれて過ごした。学業を修め、学位を得て本を書くのを、鉄の肺の拘束のなかでやった。彼女はインタビューで語っていた、「私はほんとうにいい人生を送ってきました、愛と家族と信仰に満たされていて。人生は自分しだいでよくも悪くもなるものです」

この人だけではない。鉄の肺のなかから弁護士事務所を切り盛りした者や、絵を描くために絵筆を口に咥《くわ》えた画家たちがいる。ある女性は地方銀行の支店のデスクで仕事をして、夕方になると母親の手を借りて鉄の肺におさまった。

私が家にいないとき、十八ヶ月の息子はときどきライナー（断端と義足を固定するためのシリコン製のソックス）のひとつを物干しラックから取ってキッチンまで来て、私のパートナーを見上げて「パーパ」と言い、それを抱きしめるそうだ。おそらく、私がここで感じているものもそれだ――器具が自分の一部になるほど、その器具に依存していた人々の痕跡。

炭素繊維の足部とパイロン、チタン製アダプター、グラブねじ、バルブ、複合材のソケットとシリコンライナー――八キログラムのテクノロジーのおかげで私はスチュワートと一緒に通路を歩けている。私には生身の左膝があるが（そちらは膝下数インチ下方で切断された）、右膝の代わりをしているテクノロジーこそは、私がもっとも頼りにしているものだ。歩くと、それは私の歩行に対応する。躓いたり立ち止まったり後ずさったりしたら、それが調整し、転ぶのを防いでくれるだろう。たとえばスチュワートを追って階段を降りようとするのを感知して、予測的に私の重心を下に降ろしてくれる。

生体工学に基づく膝継手を何年もかけていくつか試してみたけれど、これがもっともすぐれたオールラウンダーだと感じている。〈ジニウムX3〉、ドイツのオットーボック社が生産しているコンピューター制御膝継手《マイクロプロセッサー・ニー》の最新世代だ。広報物には「比類のないほど自然に近い」とあり、それから最新のドイツ車の技術仕様のような特色のリストが続く。〈ダイナミック・スタビリティ・コントロール〉が立脚相から遊脚相への切り替えを百分の一秒ごとに感知する。〈インターナル・モーション・ユニット〉がジャイロスコープと加速度センサーによって時空間内の脚の位置を計測する。〈インテリジェントAXONチューブアダプター〉が足関節の動きと垂直力を判断する。Bluetooth機能によってスマートフォンのアプリにつながり、そこから設定とモードを変更する――この膝継手があれば自転車を漕ぐことも、走ることも、ゴルフをすることも、アイススケート用にセットアップすることさえできる。制御バルブをふたつそなえた油圧ユニット。ニー・モーメント・センサー。バッテリーの耐久時間は五日間で、インダクション・プレートで充電する。そしてこれらすべてが、炭素繊維フレームと「きわめて頑健性の高い」ポリエチレン製カバーに収められている。（ドイツ車との比較はまだある。「路上の使用」で六年間の保証がついていて、この一・七キロの機器の価格は約七万ユーロだ。）

構成部品すべての中心で諸々の決定をしているのがマイクロプロセッサーだ。この小さなチップがすべてのセンサーから情報を受け取って制御アルゴリズムに入力し、アルゴリズムが無数の変数とその重みづけに基づいて次の行動を決定する。静かなとき——たとえば一日の終わりに義足を外そうとベッドに座りこむとき——マイクロプロセッサーがカチカチと音を立てて**考える**のがかろうじて聞こえる。ときには耳に近づけて聴こうとする。油圧シリンダー内のバルブを制御して膝の抵抗を変えるときに、電気的なノイズのようなものが出るのだ。

人工知能をどう定義するかでかなり左右されるが、この膝継手が**環境を知覚し、ひとつの目的を達成するチャンスが最大限になるように動く**装置なのだとすれば、私はたしかにもうひとつの脳を膝に持っていると言えそうだし、私はそれを、自分を構成しているもののリストに加えなくてはならないだろう。たしかに脳の計算力と比べるとスケールダウンするが（私が自分の股関節を使ってシステム全体——つまり、私と義足——に及ぼす制御力は、膝継手がやっているどんなことよりもはるかにニュアンスに富んだものだ）、この小さな**脳**が担ってくれる追加の制御なしにスチュワートと話しながら階段を降りる方法はない。転ばないためだけにでも、あまりに多くのことを考えなくてはならないだろう。私は歩くときの認知負荷のいくらかをもうひとつの脳に負ってもらっているのであり、それは私の重要な一部であり、そうやって私は世界を経験している。

スチュワートが最後の部屋の鍵を開ける。それまで見せてくれたどの部屋よりも広い——スカッ

シュコートくらいのサイズだ。何列かの金属製の棚で区分されていて、図書館の通路を思わせる。棚にあるのはロンドン科学博物館の矯正器具と人工装具のコレクションだ。右を向くと目の前にはたくさんの足底――木と革とプラスチック――が並んでいる。ぎゅう詰めの四段ベッドの足元を見ているようだ。それらの脚はここ百年ほどに作られたものたちだ。ふたつの世界大戦のあとのものは特によく集まっている。私は通路を歩き、そのすべてをじっくり見ようとする。中世の甲冑から取り外したような義足があり、鋲が打ち込まれて銀色に輝いていたが、ラベルを見るとこうあった。「セントラル・ニー・コントロールを備えたアルミニウム、木製の足はつま先と足関節付き――西暦一九二〇年製造」。それから一ダースかそこらの木製の義足と、山となった松葉杖。

私たちはしばしばよりよい時代に恋焦がれ、過去にノスタルジーを感じる。だがこの数十年で人類が果たした前進のあとで、ここにあるものはすべて古めかしく見えた。そしてこれらの棚を前に立つ私は、いまこのときに障害者であることをよかったと思う。頼もしいコンピューター制御の膝継手が私を支えてくれている、と。いまほど切断者であるのによい時代はないし、いかなる病気や障害を抱えるのにいまほどよい時代も、おそらく、ない。

次の通路にあるのは矯正用の靴と、セラミック製の子供の人形の不気味なコレクション。うちひとつは脊柱側湾症のための装具と添木を身につけた「尖足」の子で、小さなワンピースの下着を着て小さなベッドに横になっている。ラベルには「一九三〇年から一九五〇年のもの」とある。「子供の患者にたいして、整形外科治療の回復段階を事前に説明するために使われたと思われる」。その隣には鉄の肺の小さな模型がある。

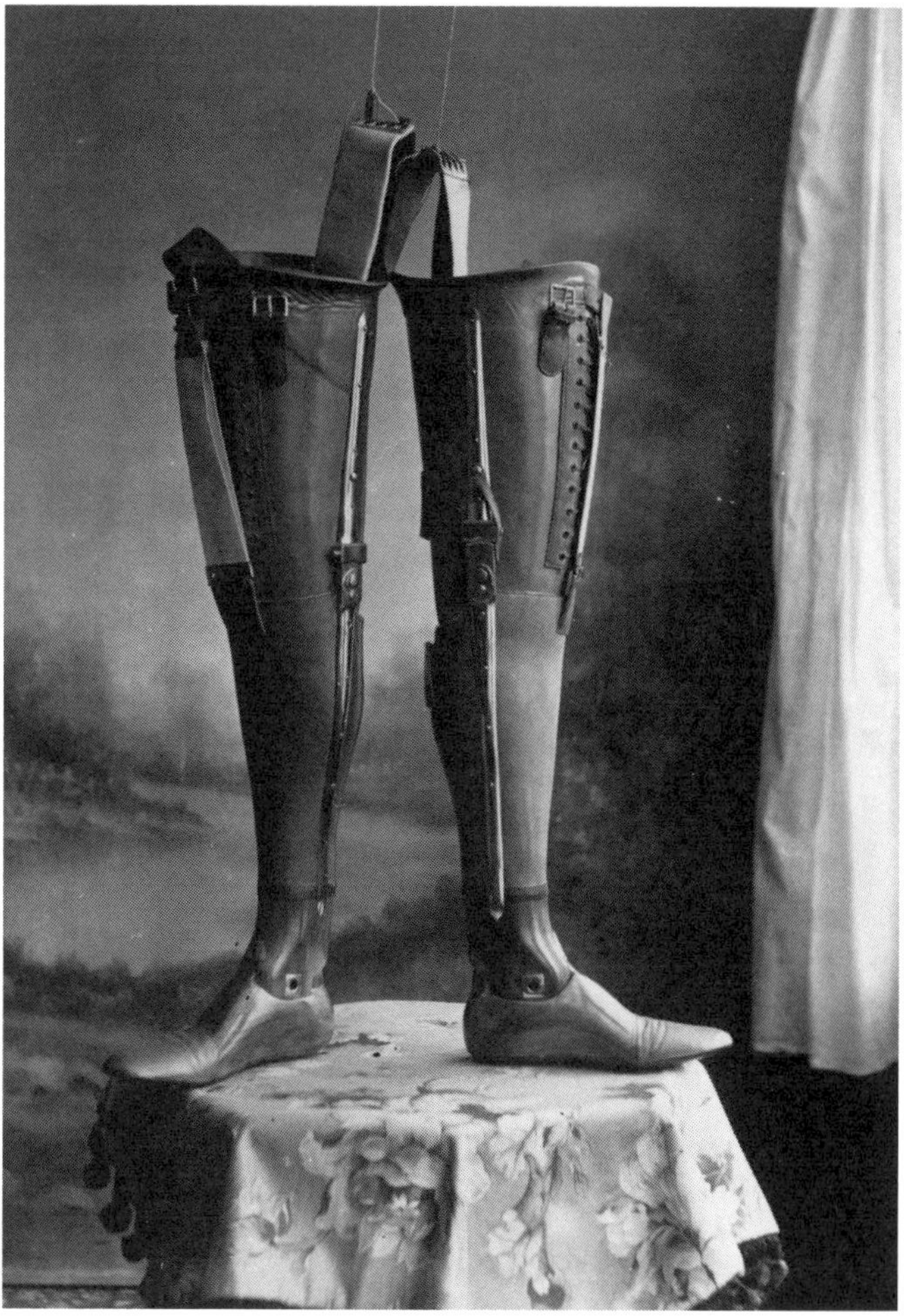

1900年ごろ制作されたものと思われる義足．制作・撮影ともにジェームズ・グリンガム（1839-1924）による．

真ん中の通路で止まり、両腕の義手装置が置かれた棚の前に立つ。肩を帯状に取り巻いて身につけるもので、付け心地はひどく悪そうだ。ラベルによれば「モーター駆動車の組み立て部品」によって作動する。その両腕は、シリンダーとワイヤーとベルト車でできた自動機械だった――サイズは五歳児用くらい。その隣にはまたべつの、二股のフックがついた子供の上肢用義肢があり、「圧縮空気で作動する」。これらは、一九五〇年代末と一九六〇年代初頭に無数の先天性奇形の子供たちを生み出したサリドマイド事件にまつわる遺物のキャビネットだ――そのスキャンダルが起こした過ちを正そうとした、人工装具と生体工学の分野における試みである。だが、薬物によって四肢の変化を起こした患者のほとんどは、これらの奇妙な装置を使わないほうがずっと楽に暮らせた――後遺症を抱えた四肢の感覚と機能は医療科学によっては改善せず、これらは失敗した実験の品としてここに置かれている。

最後の通路で身をかがめ、小さな義足を見る。旋盤加工された木製の椅子の足でできていて、ソケットと蝶番のあるニーブレース〔膝関節支持補装具〕がついている。ラベルによれば「一九〇三年、造船所で父親が三歳の息子に作ったもの」

これらのコレクションがどれほどのタイムスパンにわたっているのかを把握するのは困難だ。スチュワートにも定かではない。彼はプラスチックの青い手袋をつけ、上肢の装具を持ち上げる。曇った鉄板の細工でできていて、歯止めと歯車の単純な構造が腱と筋肉の代わりをしている。指はさらに多くの金属板で形成され、握れる形になっている。スチュワートがラベルを掲げて私に見せる。「人工の右手、鉄、?、ゲッツ・フォン・ベルリヒンゲン所有、十六世紀」。疑問符はなにやら怪しく、スチュワートの言葉も同様だった。

「話半分に読んでください。専門家に見てもらいましたが、彼の考えではもっと最近に作られたレプリカではないかということでした——ゲッツの手の素描をもとにした」

ゲッツ・フォン・ベルリヒンゲン（一四八〇～一五六二）、別名「鉄腕ゲッツ」は、ドイツ帝国の騎士にして、傭兵であり詩人だった。包囲攻撃の砲弾に片手を奪われたが、武具師がつくった金属製の人工装具をつけて軍人を続けた。剣や手綱、羽ペンさえも、その鉄の指で摑むことができたと言われている。彼はどんどん有名になった——ドイツのロビン・フッドだ——そして王や皇帝たちに雇われていないときは世を騒がせ、身代金目当ての誘拐をはたらき、商人たちの護衛隊を襲撃した。彼の手はテクノロジーの驚異であり、国の創意のシンボルになった。

たしかに、スチュワートが持っている手にはおかしなところがある。その組み合わされかたはどこか嘘くさい——まるでひとりの記録保管人《アーキビスト》がむなしい希望をこめて数年前のとある金曜の午後にゲッツの名前を添え、二度と見に来ることがなかったような。

四肢の喪失とそれが生む差異は、人類が病気や外傷や虐待や先天的な異常をこうむるかぎり、どこにでもありつづける。歴史上ほとんどの期間を占める抗生物質と現代医学がない時代、負傷による四肢切断などはとくに、生死の問題に直結しただろう——文化圏によっては、身体が「完全」ではないことを忌避する社会が、生存をさらに困難にした——しかし、生き延びることは不可能ではなかった。（負傷による切断から回復した哺乳動物の記録はきわめて多い。アフリカの野犬たちが群れのなかの三本足のメンバーに死骸を食べる順番を譲っていたのが知られている。）

ときには考古学が、身体的障害がこれまでどんなふうに扱われてきたかを知るための窓口になる。紀元前四九〇〇年から四七〇〇年ごろに生きた人物の骨格がパリ付近で発掘された。彼には肘から先がなかった。上腕を分析したところ、外傷を受けて手術をしたあとにあらたな骨の層があらわれており、この人物が腕を失ったあとで治癒し、数年とは言わないまでも、数ヶ月生きていたことを示していた。これは最初期の外科切断手術の一例であり、有史以前の医術の注目すべき手がかりだ。また、この男が新石器時代の農村において村八分にされていなかったこともわかっている。彼の周りには、類似の発掘作業においてもめったに見られないほどの質の埋葬品が埋められていた――火打ち石、磨かれた石斧、供物にされた動物の骨。これらすべてが、奇形にもかかわらず（あるいはだからこそ）、彼が集団に欠くべからざるメンバーであったことを示唆している。およそ七千年前の北ヨーロッパのこのエリアにおいては、共同体によるケアと連帯が重要なものであったようなのだ。

時が、古代文化が作り出したリハビリと移動のための補助器具の証拠のほとんどすべてを分解してしまう。それでも、われわれの先祖に問題解決能力があり、彼らが身の回りにあるものを再利用して変形させ、初歩的な添木や簡素な人工装具を作れたのを思い描くのはたやすい。ただし実例は多くない。二千二百年前の中国、トゥルファンの男が歩く機能を失った。結核にかかり、膝が癒合して百三十五度曲がっていた。曲がった脚に木製の装具を、腿には安定のためのコルセットをつけていた。脚は雄牛の角に包まれて山羊の角で補強され、摑めるように先端に馬の蹄が取り付けられ、そのすべてが、長年の使用によって擦り切れていた。彼の骨は、この装具とともに二〇〇八年に発掘された。

最古の実用的な人工装具はエジプト、テーベの埋葬地で発見されたもので、神官の娘だったタバケテンムットという女性のミイラの右足に取り付けられていた。時代は紀元前九五〇年〜七一〇年。彼女はおそらく最初のハイブリッドのひとりだろう。彼女の大きなつま先は三つの部分に分かれており、木製と革製の箇所が縫い合わされている。生身の足のようなカーブがあり、爪床《そうしょう》が彫られている。人間の親指は体重の四十パーセントを支え、私たちを前に進ませる——機械的な代替物を作ることは難しい課題だ。だがつま先の関節部と、装着したことから生じた摩耗とほころびと穴は、このおよそ三千歳の義肢が装飾的なのに劣らず機能的であったことを、こぞって示している。

「これが最古のコレクションになるはずだったものです」スチュワートは言い、下の棚を指さす。「ですがオリジナルは一九四一年に破壊されました、大空襲のときに。世紀が変わるころにこのレプリカが作られていたのは運がよかった」

それははじめ地衣類で覆われたなめらかな丸太のように見えたが、やがてくるぶしからふくらはぎにかけての形をしていると気づく。ブロンズと木でできており、革のストラップで腿か腰に取り付けるための留め具がある。ラベルを読む。「ローマ時代の義足のレプリカ、西暦一九一〇年。オリジナルは王立外科医師会に所蔵されており、紀元前三世紀のカプア墓地で発見された」。磨かれたブロンズの脚がトーガの下で輝き、二千三百年前の通りを歩くところを想像する。決してありふれた光景ではなかっただろう——私のコンピューター制御義肢のローマ版だ。突然、込み入った空想がひらめく。熱気あるローマの市場町の鋳造場で作られる義足。剣と盾の戦争で負った傷を抱えて歩く兵士。脚は彼と一緒に埋められ、彼が朽ちていくあいだも残る。やがてそれは掘り起こされ、古代の驚異に、展示ケースのなかの遺物に、学術論文になる。そして破壊される、またべつの戦闘機と爆弾の戦争によって。

エピローグがちらっと浮かぶが、私の想像力をほとんど超えている——私自身の膝継手が、二千年先の未来の博物館の棚に置かれている。身体のほうはとっくに灰になっていて、このテクノロジーが私の最後の痕跡となる。その周りに所蔵されたほかの医療器具の姿形も、私の脚を見ている人間がどのような身体をしているのかも、思い描くことはできない。*

西洋において支配的な哲学と科学のアプローチでは、人間の身体を、精神にたいする二次的なものとして理解する。**我思う、故に我あり**。この情報の時代、私たちの脳は、ちょうどコンピューター装置として理解し、ーがプログラムを走らせるように自分の精神を作り出す、生物学的コンピュータ

*〈ウェルカム・コレクション〉のキュレーターに、あらたな常設展「ビーイング・ヒューマン」のために義足を貸し出してくれないか、と頼まれたことがあった。私はC－Legを提供した。私がはじめて処方されたコンピューター制御義足だ。展示のオープン日に——シャンパンとスピーチ——ガラス箱のなかにある自分の脚を見るのは奇妙な感覚で、私は自分の一部が展示されているのを人に気づかれる前に立ち去った。あれはきっと、私が死んでずっと経っても、博物館の倉庫に保存されているだろう。

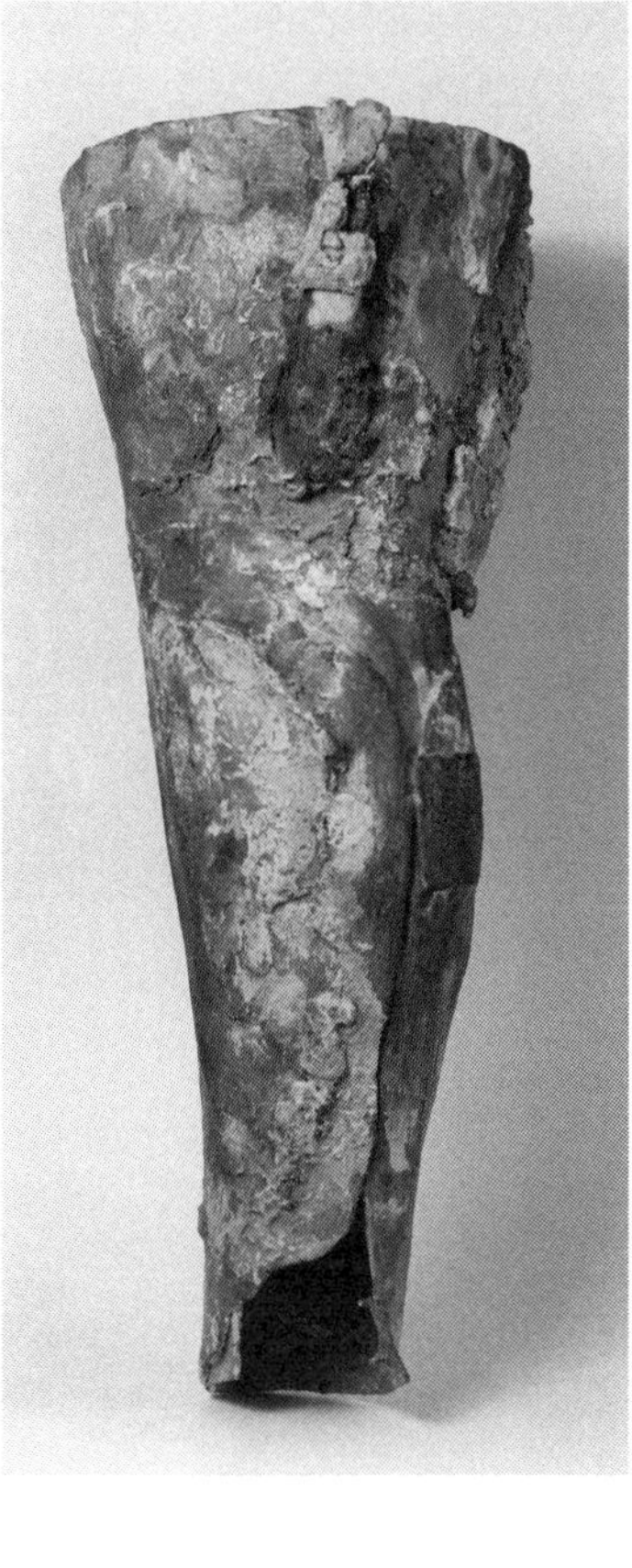

古代ローマ時代の青銅の義足のレプリカ.

される。だが身体があるということは無視できない。それなしには、私たちの思考と行動は空虚なものだろう。身体性認知という考えかたは、私たちが考えて世界を知覚する方法が、身体があることに深く依存しているというものだ。私たちの動作と感覚は、思考を支えている肝心な要素になる——そして、もつれた精神と身体をほどくことができる、納得できる理屈はない。

医療技術に頼ることではじめて適切に機能する身体を持つ人は、この「身体性」に特殊な過程で気づくことになる。リハビリ期を振り返ってみると、私は自分が使っていたアシスティブ・テクノロジーがあっというまに自分の一部と感じられるようになったのに驚いていた。はじめは車椅子——たとえばその幅が正確にどれくらいあるかや、どうやって後輪の上でバランスを取るのかがわかるようになる——、そして義足を、身体に組み込む過程があった。集中的なリハビリによる反復運動が私の神経経路を強化し、脳を物理的に変えた。この神経可塑性の原理——そのおかげで脳は環境の変化に適応しつづけられる——によって、私は障害というあらたな経験に応じた**再配線**をすることができた。

かつては、成人の脳が変化するには限界があり、子供時代にはぐくまれた脳が定着するのだと考えられていた。だが二十一世紀の最初の二十年でその理解は変わった（大きな役割を果たしたのはｆＭＲＩスキャナーの出現で、考えるときに脳内の異なる箇所が光るのをリアルタイムで見ることができるようになった）。成人の脳はそれまで信じられてきたよりはるかに柔軟で、脳自体が物理的に変化することで学習と経験に対応できるのであり、それは老年になっても変わらないのだ。

人間は道具を選び取ると、ほとんど時間をかけずに自分を拡張し、それを直感的に組み込むことができる。道具を使う種族である私たちには、きわめて複雑な道具の操りかたを学ぶ力があるのだ。車の大きさを「感じ」て、それをきわめて狭い隙間に通すことができる。脳はこの問題に対処するとき、私たちがいままさにそのなかにいる、車輪に載った大きな箱の空間イメージを作り出す。(駐車場入口の低い仕切りをくぐるとき、ぶつかる危険があるのは車だけなのに、思わず身をかがめてしまうのもそのためだ。そのとき私たちは車になっている——それを身体化している。)

私は自分を義肢装具と結合させることができ、それらを自分の一部だと感じている。障害を得た者ならだれでも、自分の身体とテクノロジーをきわめて直感的に結びつけられるという知識には励まされると思う。ハイブリッド・ヒューマンにとっての身体化の能力は、機械で言えばさまざまなほかの機器と接続できる汎用性のようなものだ——私たちは**繋げば使える**《プラグ・アンド・プレイ》ようにセットアップされている。

時間が迫ってきて、スチュワートは出口に向かいながら、手に装着する装置が並んだトレーを見せてくれる。

「ご興味があるかもしれません」

一見したところ時代遅れの日用品が載ったトレーだが、もっと工業製品らしい道具もある。私はさまざまなラベルを読んでいく。絵筆、球状ハンマー、鑿《のみ》のホルダー、金槌、可調クランプ、ドライバーのドリルガイド、食べ物を切るときに押さえるためのスパイク状の道具。それらにはすべて、切断された手に代わる義手のソケットにカチリと嵌められるアタッチメントがついている——フック船長の化粧テーブルの引き出しといったところだ。多くは第二次世界大戦後に作られ、兵士たちを職場復帰させた。私はトレーの上で握り拳をつくり、それを釘の頭に叩きつけるのを想像する。手を金槌に替えてその動きを繰り返す――簡単に想像できる。釘は一撃で打ちこまれる。手の代わりに金槌を身体化するのはおそらく――金槌を持つのと同じか、それ以上に簡単だろう。

私たちはみんなひとつの身体を所有していて、ある意味ではだれもが、その身体に所有されている。自分の身体が「オン」になっていることを心に留める時間はほとんどない。例外は、朝に苦労して自分を起動しようとする、一日の最初のひとときくらいだろう。運動して自分に負荷をかけているときや病気や怪我をしているときにも、私たちはそのことに気づく。しかしたいてい自分の身体のことは忘れている。そこで私は思わずにはいられない――テクノロジーに依存している身体の持ち主はその所有感を感じやすいし、自分が肉体として存在していることに気づきやすいのだ、と。障害があるとき、身体の存在を忘れるのは難しい。

最後に金槌の義手を一瞥し、道具のトレーを押しやる。手を金槌に替えたとき、自分というものへの認識はどんなふうに変わるのだろう？　感じ、抱きしめ、他者とつながる身体の部分が、打撃のための器具に変わるのだ。道具になる身体。

スチュワートが建物の外まで案内してくれ、さっと手を握る。いま私の頭は、闇のなかに保管されている品々を使っていた人たちのことでいっぱいだ。義手をつけられながら母親を呼ぶ子供の声、九十歳の男が義足をはめるときのうめき声、人知れず涙を流す復員軍人の声が聞こえる――手を金槌にしたら、彼の身体はふたたび用途を得て、工場で働けるようになる。母親が娘を鉄の肺に入れ、扉を閉めながらおやすみのキスをする。あの道具ひとつひとつが、ひとりの人間によって身体の一部になった。人々はそれを修理し、作り直し、維持しながら、自分の身体とアイデンティティを変えていた。

歩くと、ふたつの義足が視界の隅に踏み出してくるのが見える。それらは人間ではない。でもそれらがないとき、私は生きていると感じにくい。

インターフェーシング

ジャックのことはリハビリをはじめた最初のころから知っていた。彼を見かけた次の日の夜、私は寝支度をしようとする――片手だけで。左の肘から先を腹に押しつけ、こちらも吹き飛ばされたと仮定する。義足を外すために小さいバルブを押し、密閉状態のライナーとソケット壁のあいだに空気を入れ、断端を引き出す。両手でやれば押しつつ引っ張ることもできるので簡単な一動作ですむが、片腕だと一分以上かかる。ついでライナーを剥がそうとする――弾力のあるシリコン製で、必要な手がかりが片手では得られない。小さな裂け目ができていて、苛立ちをつのらせるあまりそこを大きく裂いてしまう。(ライナーは四百ユーロもして、慎重に扱わなくてはならない。NHSを通じてまたあらたに注文しなければ。)

義足の装備をすべて取り外し、片腕でバスルームの床を移動してずるずるとトレーの真ん中に行き、シャワーコントロールに手を伸ばすが、届かない。ふだんは片手で床を押して体を浮かせ、もう片手でひねっていた。両腕を使いたいという激しい誘惑に駆られる。身体を跳ねさせ、どうにかレバーを叩く。痛みが走り、冷水から逃れることもできず、息を切らして水の下に座ったまま、水が温かくなるのを待つ。たった一本の腕ではなにをするのも難しい。シャワージェルをもういっぽうの手に注ぐこともできず、けっきょく身体にちょくせつ噴出し、胸に押し付けていたほうの腕と手も洗わなければならないことにも気づいて、やがて石鹼水があちこちに、そして目のなかにも流れこむ。

手足を失った復員兵のコミュニティにおける簡略化されたスラングにならえば、私は「ダブル」でジャックは「トリプル」になる。失った四肢の数に基づく呼称だ——それに「上《アバヴ》」や「下《ビロウ》」という修飾を加えて、膝を基準にした切断箇所の高さを示すこともある。（名前を忘れただれかについて話すときはこんなふうに言ったりする——「ほら、あのいつもリハビリ中に煙草を吸っててタトゥーとピアスだらけで機械工をやってるダブルの上だよ——そうそう、そいつ」。）七年ほど前、傷痍軍人のスラングにあらたなフレーズが加わった。チャリティ基金の募集行事やソーシャルメディアなどで、こんなやりとりを聞いたことはないだろうか——

「おい、あいつオッセオに行くんだって」

「**オッセオ**？」

「オッセオインテグレーションだよ。オーストラリアに飛んで、腿の骨に穴を開けてもらって、切断面から突き出るロッドを入れるんだ」

「すごいな、そりゃ——思い切ったな」

「ああ、でもソケットがいらないんだぞ。それをやれば簡単に一日中歩き回れるんだって」
「なんでオーストラリアまで？」
「NHS適用外だから、自腹を切らなくちゃならない。でも、ソケットなしって……どんなに快適だろうな？」

Osseus はラテン語で骨を意味する――*integrates* は、部分を融合するということ。この場合の「インテグレーション」は、残った四肢、特に大腿骨がチタニウムのインプラントと接合し、皮膚から露出していることを言う。義足は直接そこに接続される。「ダイレクト・スケルタル・フィクセーション」と呼ばれることもあり、こちらのほうがその利点（とリスクのいくらか）をよりよく伝えている。骨に直接接続することによって、身体を義肢装具に接合する際に生じる課題の多くが解決する――ストラップも、ライナーもソケットもいらない。ソケットを使った伝統的なリハビリ法がうまくいかなかった切断者にとって、オッセオインテグレーションは人生を大きく変えうる技術だ。

しかし開発当初、イギリスでは提供されていなかった――端的に言ってリスクが多すぎた。インプラントが皮膚を突き出て穴（小孔）を開けるので、恒久的な皮膚の裂け目から感染が起こる恐れがある。また、骨はインプラントを受け入れるために手術で中心部を抜かれなくてはならず、それが骨折と、骨の深部にいたる感染症の危険を増やす。後戻りのできない処置でもある。NHSは処置を認可せず、個人的にそれを実行した者の合併症や長期にわたる治療には責任を持たないという立場だった。

だがそこで、数人の兵士たちが行動を起こした。彼らは義肢装具を最大限に活用できなかった人たちだった——あらゆるソケットとあらゆるライナーを試し、たくさんの義肢装具士とリム・フィッティング・センターを変えて——ついに行き詰まっていた。彼らの断端はどうしても短すぎたのだ。ベッドに横たわり、隅に立てかけられた義肢を見つめ、なにか役立つ情報がないかとウェブを探し回った。解決策がないなどと認めるつもりはなかった——自分がリハビリをしているかたわらで、普通の生活に戻っていく友人たちを見てきていたのだから。やがてソケットをつけていない切断者がいるウェブサイトを見つける——彼女の義足は、裸の切断面の下で軽やかに動いているようだ。彼らはあらゆる記事と映像を保存して次の診察に持参し、医師に見せる。医師たちは困ったなというように慎重な言葉を告げる。高額すぎる、実験的すぎる、合併症が多すぎるし感染症のリスクが高すぎる。

だが現状を受け入れるのをよしとせず、失うものもない（ありうる最悪な事態とは？　彼らはもとより車椅子を余儀なくされていて、なにもかもうまくいかなかったとしてもそこへ戻るだけなのだ）兵士たちは、貯蓄し、慈善団体に資金を請い、政策担当者に少しでも公的圧力をかけるために朝の情報番組のソファに座り、そしてプライベートでオーストラリアに行ってオッセオインテグレーションを受けた。戻ってきた彼らは負傷して以来もっとも遠くまで、しばしばそれまでは自分たちの「前」を行っていたほかの切断者よりも遠くまで歩けていた。足取りは以前よりも良好で、より健康になり、より幸福で、苦痛からもほとんど解放されていた。

こうして、コミュニティのなかで「オッセオ」という言葉がもっと頻繁に聞かれるようになった。

（「彼はいまじゃダブル・オッセオだ。そうだよ、やってのけたんだ。おれもそうしたいと思ってる」）

ここにシステム上の問題があらわれる。切断者たちが予期したよりもはるかによい成果を得て戻ってきて、評判が広まっていた――いまでは大勢の**ダブル**と**トリプル**がオッセオを望んでいた。ひと握りの早期導入者たちはたしかに**やってのけた**が、うまくいかなくなったときに複雑な責務が生じる可能性はまだあった。インプラントがどれほど長持ちするのか、失敗したらなにが起こるのかは、だれにもわからない。政策如何にかかわらず、個人的に施術に踏み切った者が合併症を起こしたら、NHSが面倒を見なければいけないだろう。やぶれたライナーを直すのは簡単だ。だがオッセオが担うあらたなハイブリッド性は、おのずとはるかに複雑なケアを必要とする。

驚くほど素早い反応で、兵士たちの治療に十年のキャリアを捧げたふたりの軍医がその処置をイギリスに持ちこむ決意をした。いくつかの留保はあれ、ある人々にとってそれがどれほどすべてを変えうることなのかが彼らにはわかった――そしてその処置を求める人々が私的に国外に行くのを止めなければ、間違いがいくらでも起きうる、と強く感じた。ふたりは倫理的な承認を得、一ダース前後の兵士たちが処置を試みるための資金をライボー基金（兵士たちは銀行家が贖罪の金を使うのにもってこいの対象になる）から得た。

ジャックは私が来た数ヶ月後にリハビリセンターにあらわれた。ここに姿を見せたなかでも特に若い兵士のひとりで、爆発で四肢の三つを失っていた。私はジャックが好きだった。その傷にもかかわらず、いつもにこにこして冗談を飛ばしていて、共同病室における真に温かい存在だった――

彼のことを思い出すと必ず、電動車椅子の上でにっこり、げらげら笑っているところが浮かんだ。何度か同室になったことがあった。彼が人生を過酷だと感じているのは明らかだった（三本の手足を失ったあとで、そうでない十八歳がいるだろうか？）。大柄だった——兵士としてはいいが、切断者としてはよくない——そして脚の残った部分が短かった。彼のために作られたどんなソケットもうまく合わないようで、私たちのほとんどがあたらしい脚で立ち上がって前進していくあいだも、ジャックは苦闘していた。私は彼の、ある種の兵士がやるようなマッチョな（ギャングのタフガイぶりと英国的不屈精神の奇妙なマッシュアップともいうべき）仕方で苛立ちを隠したりしないところが好きだった。こうしたなにもかもがいかにクソであるかを周囲につつみ隠さず告げながらも、陽気でありつづけようとしていた。だから彼がその試みに名乗りをあげ、いまでは**トリプル・オッセオ**だと聞いたとき、私は電話をかけて会う約束をした。元気でやっているのを見たかった。その処置がどんな具合かも知りたかった。

私たちはジャックの家のキッチンテーブルについた。彼は短いスタビー義足をつけ、*足の短いブリティッシュブルドッグ、ブルースの顎が膝の上に載っていた。

彼が終えたばかりだという新居のリノベーションについて話したあと、私は、自分が処置を望んでいることはすぐに確信できたのかと尋ねた。

「マイケル・スウェインと仲が良かったんだ」と彼は言った。「あれをやった最初の男だよ。自分

＊スタビーは屈折しない短い義足で、しばしば通常の長さの義足に進む前段階のリハビリで使用され、機械構造やコンピューター制御の膝継手を備えていることが多い。

で調べて、オーストラリアのチームを知ったんだ。リハビリ施設の娯楽室に集まって、マイケルはおれたちに自分の計画と、それが『まじでやばい』っていうのを話して、おれたちは彼の幸運を祈った——『あんたが試験台なんだよ』っておれたちは言った。そして彼にとってはそれがすごくうまくいったのを見た。治験がはじまってすぐ、手を挙げたよ」

「不安はなかった？」

「そりゃあ、あった。でもソケットをつけているときのほうがもっと不安だった。ぜんぜん合わなかったから。もうちゃんと歩けることはないかもしれない——ってことが、オッセオで自分がこうむるかもしれないどんな問題よりも重かった。一日のほとんどを車椅子で過ごしていたんだ。運動のときはスタビーをつけたけど、それぐらい。ほかの連中、マイケルなんかを見ていたら、すごくうまくいっているだろ。思ったんだ、義足を履いてまっとうな時間が過ごせるようになるなら、それが五年でもじゅうぶんだ、もしそれで結局はインプラントを取り去らなければならなかったとしても——たとえもっと高い場所を切断しなきゃならないとしても、スタート位置だった車椅子に戻るだけなんだ、って。だからやってみることにした。その価値がありそうだった」

「素晴らしいだろうな、脚に風を感じるのは」私は言った。

「うん、いいもんだよ。裸になったみたいだ——下着もつけないでさ。汗もソケットの摩擦もない。滑ることもないんだ。岩みたいにがっちりしてる。ソケットのときはすぐずれるし外れるしで、いっつも調節していなきゃいけなかった」

「でも、どうしてもうまく呑みこめないところがあるんだ」と私は言った。「それは、自分のなかに永久にふさがらない穴が開いているってこと、金属のロッドが切断面から突き出てることなんだ――自分のなかから。いつも想像していたんだけど、一日の終わりにベッドに入っても、自分ではないその最後の部品を取り外せないってことだろう。自分ならそれが我慢ならないんじゃないかって気がする」

「いまじゃおれの一部だよ」とジャックは言った。「軽く叩いてみたり、なにかがかするだけでも、まるで膝の頭をノックしているみたいな感じがする。待ってて」

彼は道具を取りに席を立った。

「これは四ミリの六角レンチで、義肢に食い込んでつなげている止めねじをこれで締めるんだ」

彼が六角レンチを半回転させると義足が外れ、私はロッドと穴を見ることができた。そこから義足が皮膚に入っているのだ。断端のむきだしの肉と、かすかに赤くなった移植された皮膚が、インプラントの周りでたれ下がっていた。**これが未来だ。**

「フェイルセーフ機構がついてるんだ」ジャックは脚についた小さなシリンダーを撫でた。「インプラントと骨に回転や力がかかりすぎないようにする。義足――かインプラントが壊れる前に、これが壊れるんだ」

「実際に壊れたことはある?」

「一、二回ね。派手に転んだりすると、シリンダー内部の小さいピンが壊れて義足が回転するんだ、骨が回転する代わりに。ちょっとした見ものだよ。修理するには道具一式と、スペアのパーツがいる」ジャックはインプラントを持った。「すごく鋭いだろ。ベッドシーツを何枚か裂いたよ

――高級なやつを。だからいまは先端にテニスボールをつけて寝てる」彼はブルースを撫でた。ブルースの目はずっと彼に注がれていた。

「珍しがられない？」

「ちょっと醜いよな」と彼は言った。「でもそれを言ったら、切断されたところだって最高に素敵とは言えないだろ？」

「だね」

「正直言って、フィードバックは強いよ。骨のなかにまっすぐ伝わってくる。砂利の上にいると振動がのぼってくるんだ。はじめてのときは『うわあ』って思ったよ……ザクザク踏む感覚が、ものすごく敏感に感じられる。自分と義足のあいだに動きはない。骨に直接固定されていて、もっと安定している……」ジャックの声は小さくなった。「手術はものすごくきつかった。外科医たちは紹介できるよ」

「そりゃありがたい」と私は言った。「じゃあ、後悔はないんだね――満足してる？」

「やる前は、こんな気持ちだった――ほんとうかよ、こりゃやばすぎるぞって。でもいま、これをやって得られたもののおかげで、普通のことみたいに思える。手術から二日と経たずに起こされて、体重負荷をかけることになった。毎日少しずつ負荷を増やした。退院するときには、体重のほとんどをインプラントにかけるようになっていた――数週間しか経っていなかった。あっというまだった」

そのあと、昼食を食べに地元のパブに向かった。私が奢るよと言うと、ジャックはじゃあもっと

高いところに行こうと言った。彼が歩くのを見るのは素晴らしかった。以前リハビリ施設で歩くのを見たことはあった、でもそれはフィッティング・ルームのバーとバーのあいだや、ジムでのわずかな時間に限られていた。だがいま、負傷から十年近く経って、ほとんどの人ならいかなる前進への希望も諦めるかもしれないときに、彼は自信を持って歩いている。私はジャックのイメージを変えなくてはいけなかった――電動車椅子はもうない。食事を終えると彼は医師たちの電話番号をくれて、私は車で帰った。

シャワー室で身体を跳ねさせ、レバーに腕を叩きつけようとするが、半分閉じるまで打ったところでシャワートレーで滑り、落ちるときに肩をぶつける。苛立って声を上げる。実験を諦め――楽しくなかった――両腕を使ってシャワーを止め、両腕で身体を揺らして外に出て、タオルをレールから引っ張り出して頭にかけ、座ってうずくまる。

私たちはみな同じだ、と言う人々にいつも怒っていた。どういうわけか人は、ひとりの切断者はその隣の切断者と同じ困難に直面しているのだと考えている。私は説明しようとした――**私たちはみな異なるスピードでリハビリをしているんだ、ほかの回復がそうなのと同じように**。だがときにはそんな私も、自分がまさにその渦中にいながら、歩くのに苦労しているジャックを苛立たしげに見てこう思うことがあった――**ほら、もっとやるんだよ、苦しいのはみんなおなじだ、どうしてきみにできないってことがある?**　どれほどの共感《エンパシー》をもってしても、障害をひとまとめにしないのは難しい。その範囲や深刻度について語るときにも脳は世界を単純化し、私たちはニュアンスを失って、同じ障害を持つ人々は同じ困難と経験を持つのだろうと思いこむ。片腕だけでシャワーを浴びようとしたことであらためて気づかされたのは、ジャックと私が、切断者であることをいかに違ったふうに経験しているかということだった。彼と私の障害のあいだのギャップは、私と健常者のあいだのそれと同じくらい――もしくはそれ以上に――大きい。

自分の脚を見る。片腕で外すのでさえ大変だったが、装着するとなるとなおさらだとわかっていた。気泡が入らないよう、こすれず脚が固定されるように位置を定めてゴム製のライナーを脚に巻くためには、さまざまな試みが必要になる。ジャックが話していたのはまさにこのことだった。義足のライナーとソケットを身につけることは、トリプルの切断者にとってしばしば絶望的なほどままならないことなのだ。

彼が六角レンチのひとひねりで義足を装着し、よく歩き、見た目がずっと健やかそうなのを見ていると、なぜオッセオがジャックにとって人生を変えるような出来事だったのかが理解できた。一緒に座って昼食をとっていたとき、彼が最後に言っていたことのひとつはこんなものだった。「オッセオは体重を減らすのをうながしてくれたんだ。前は自分を役立たずみたいに感じていた。いまはもっとひとりの人間って感じがするし、もっと自立してる――ずっと前向きだ。ずっと立派。クソするのだってもっとうまくなった」私は笑った。

断端を触り、そこから金属のロッドが突き出しているのを想像しようとする。インプラントを握ってあちこちに動かすと、残った脚全体がそれと一緒に動く――外側の自分から内側の自分への、ダイレクトなつながりだ。想像は完全ではない、その可能性にはなにか現実離れしたものがあった。

ジャックにとって、人生を変えるとは身体を変えることだった。違いは言葉にもあらわれている。ジャックはいまでは脚を接続するが、私はいまだに脚を履いている。

オッセオという考えがまだ私を不安にさせるのはなぜだろう？　たしかにそれは極端だが、私の身体の変化こそすでにじゅうぶん極端なのではないか――次のステップに進んだってかまわないのでは？　美しいなにかを台無しにしてしまうと思っているのではない。慣れが傷の醜さにたいする感覚を麻痺させてはいたが、それでも私の身体に〈エレファント・マン〉的なものがあるのはわかっている。座って脚にかがみこみ、それをあらためて見ようとする――ちょうど人がふと立ち止まり、自分たちの身体の奇妙さ、人間の足や鼻や耳の不気味さについて、じっと考えるときのように。そこにないもの――脚の不在――がもっとも目を惹くものであり、それが私たちの「普通」にたいする感覚のスイッチを入れる。満たされているはずのところが空白だ、と。そこへきて私のちっちゃくておかしな右の断端は、十年にわたって筋肉が消耗したために本来の太ももよりはるかに細く、深い傷の溝が臀部に達していて、あまりに深いのでそこに指を入れて傷口の硬いうねを感じられるほどになっている。そして左脚には、外科医たちに皮膚を縫い合わされたときの奇妙な隆起がある――ちょうど縫い目のある布袋の角のような、医師が言うところの**豚の尻尾**が残っている。それはたしかに動物を思わせた――膝を曲げると、そこには『エイリアン』でジョン・ハートの胃を破裂させた**チェストバスター**がいる。いつもあれを思い出してしまう。

*

回復しはじめたばかりの数ヶ月間、自分の身体を観察する最初の何度か、悲しくて泣いた。いまはあまり近くで見ないようにしている――精神にあまりよくないようなのだ。通りを行く人が私の損傷を二度見していくのは知っている――彼らが見るのはなめらかな表面をした機械だ――しかし一発の爆弾にできることの全領域があらわになるのは、私が義足を外し、ライナーを剝がしたときだけだ。それを見たことがあるのはほんのわずかの人たちだ。もし**傷口が人生の物語を語る**というのなら、爆弾は醜悪な章を書く。それでも私は運がいい。それらをすべて義肢装具のなかに押しこみ、テクノロジーの下に隠せたのだから。傷跡を隠すのがそう簡単ではない人たちもいる。

身体を拭いてタオルを腰に巻き、体を揺らして這ってバスルームを出る。義足はつけない、もうベッドに入る時間だったから。戸口からパートナーが見える――彼女はキッチンに立ち、カウンターに寄りかかってスマートフォンを持っている。私は映画によくある、主人公の過去が明らかになるシーンを思い出す。彼はシャツを脱ぐか、もしくはシャワーを終えて出てくる。すると恋の相手ははじめて彼の醜い背中を目にし、メイクアップアーティストによって作られた見事な、斜めに走った傷の隆起に指を這わせる。主人公の性的魅力はなぜか増して、ふたりの関係は深まる。私はこれが大嫌いだった――爆弾は人をセクシーにはしない。

数年前、私は国際義肢装具協会の学術会議に招待された。退屈な講義がつづく一日だった。研究員と医師と義肢装具士たちが登壇し、研究員と医師と義肢装具士の聴衆に向けて、自分たちのソケ

＊しかしほんとうに思い出すべきは幼い子供たちと風呂に入るときのことだ、彼らは私の切断された脚を抱きしめ、犬だとみなしてキスまでして、私はなんとも言えない気分に満たされる。それは無条件の愛情で、美醜についての文化的影響をいっさい受けておらず、私は完全に受け入れられていると感じる。

ット開発にまつわる最新の見解を述べていた。たくさんの内輪ネタと激励の背中叩き。ひとりの切断者として、私は場違いな人間のようだった――料理人コンテストの食材のひとつになったような。視線は門外漢のそれではない。専門家の視線が、私の足取りと調節とセットアップを見つめていた。**ほら、その脚とその膝継手を組み合わせちゃいけないよ、保証書が無効になってしまう。**そこにはかつてリム・フィッティング・センターの型取りをする部屋で私の目の前に膝をつき、断端にしっくいのシートを巻き、坐骨を探す手を私の股間に向かって押し付けた人たちも数人いた。

　その日の終わり、人もまばらな室内で――多くの出席者はもうぞろぞろと喧騒をあとにし、専門的な開発の問題点はすでに出揃い、同僚たちはぼそぼそと「終電」を口にしていた――最後のスライドが揺れていた。銀の銃弾の写真素材の下にこう書かれている――**「特効薬《シルバー・ビュレット》」などない。**その日、私たちは最新の進歩についてのプレゼンテーションを立て続けに見た。圧力鋳造とＭＲＩスキャニングと３Ｄプリント、オッセオインテグレーションのメリットとリスクについての一時間、ＮＨＳのコストと事故率についてのさまざまな講義。

　彼らが取り組んでいる問題は――使っているのが「古風」な、ひとりの義肢装具士が焼き石膏とガーゼで塑造した手製品でも、ＥＵが大資金を投じる、複数の圧力センサーを脚に押し付けて３Ｄモデルを採取する〈ソケットマスター〉のような機器による最新の撮像・制作法であっても――ふたつの部分からなっているようだ。

　ひとつ目に、どんな方法をもってしても、現実に義足をつけた切断者が生みだすような変化の大きい荷重と運動のさなかにある脚の型を取ることはできない。型取りができるのは静止しているときだけだ。いざ歩き回るとなったとたん、動く身体のために一定のあそびが必要になり、ソケットは調節されなければならない。経験豊かな義肢装具士と違和感を伝えるひとりの切断者のあいだでなされる対話に代わるテクノロジーは、いまだにないのである。

ふたつ目に、機械の部品を身体に接続するとき、実用可能な程度には負荷に耐えられるようにしながらも、痛みや損傷を引き起こさないようにするにはどうするか？　私のソケットについて言えば、いつもなんらかの妥協があるように感じていた――じゅうぶんにぴったりしたフィットを達成するためには、そこに痛みや、もしかしたらいくらかの損傷が生じる可能性を受け入れなくてはならなかった。ベストな、つまり私が適切に歩けるような調節にすれば、関節と骨に圧力が加わる――生じるリスクは骨減少症《オステオペニア》（骨密度の低下）や関節炎や、それ以上に悪いものである。私たちに利用可能なあらゆるテクノロジーにもかかわらず、義肢装具のソケットはいまだに、まったくの次善策なのだ。ただオッセオインテグレーション――ソケットをまるごと取り除くこと――だけがその問題を解決する方向へ進んでいるように思えるが、それでも皮膚が永遠に開きつづけることになる。ふたたび歩けるようになるのと引き換えに、ジャックの身体の境界は恒久的に開かれたままになった――それが彼の選び取ったリスクだった。

皮膚は身体の天然の入れ物であり、私たちと世界を隔てる境界であり、身体的な傷害と放射線の襲撃から、バクテリアや菌やウイルスの侵入から、刺激物とアレルゲンといった化学物質の脅威から、私たちを守ってくれる。私たちを絶縁させ、体温調節のために汗と血の供給をたえず調整している。内側のものが外に出るのを防いでいる。

世界についての私たちの最初の理解は、皮膚が皮膚に触れる感覚を通じてなされる――それが母と子のつながり、相互作用の生涯のはじまりだ。皮膚は私たちが世界を航行するのに欠かせないものであり、驚くほどセンシティヴである――指のあいだで転がる砂粒が、たとえ見えないほど小さなひと粒でも、大岩のように感じられたりする。目を閉じればそれはさらに大きく感じられる。圧力、熱、痛み、振動と表面の感触を感じることで、私たちは自分を取り巻くものに身体を適応させる。これは道具と相互に作用するために欠かせないありかたのひとつだ――私たちは自動車のハンドルを握り、キーボードを叩き、ボタンを押し、操作してフィードバックを受ける。スマートフォンを操作するときは、皮膚の導電性を使って画面に挟まれた透明な導電体の電界を変える。

そして皮膚は私たちが何者であるかを、私たちがどのように感じるかを、きわめてよく伝える。皮膚は自分自身を、また他者をどんなふうに見るかを決定する、身体の主要な特性のひとつなのだ。そばかすと肌理《きめ》と皺は私たちがどれほど老いたかを、これまでの人生がどれだけ過酷だったかを見せる。皮膚の青白さは、どれほど健康か、疲れているか、脱水しているか、喫煙しているか、飲酒しているかを明らかにする。恐怖でひりひりと痛むこともあれば、性的興奮で赤らむこともある。私たちは進化の過程で、変化する皮膚の表面が語る非言語的な言語の意味を読み取ることに、ほとんど奇妙なまでに精通してきた。きわめてかすかな赤みや皺、恐怖、魅力、混乱、悲しみ、当惑の信号。**私は彼の心を読む《リード・ヒム・ライク・ア・ブック》。無神経な《シック・スキンド》。怒りっぽい《シン・スキンド》。彼は私を苛立たせた《ゴット・アンダー・マイ・スキン》……。**

われわれは皮膚を変える。こそぎ落とし、湿らせ、剝き、隠し、へこませ、化粧で覆い、色素で明るくしたり暗くしたりし、ボトックスを注入する。私たちはそれに無傷でいてほしいと思う。あるいはタトゥーで跡をつけ、穴を開ける。それは社会的・文化的・宗教的な意味を含んでいる。人類史上最大の苦しみのいくつかは、皮膚の色によって引き起こされた。

そしてもしだれかの心を壊したければ、その身体の表面に働きかけるだろう。傷つけ、焼き、形状を損じて、魂にいたる道を見つけるだろう。

ときどき——そう、月に一度くらい——自分が冷酷に発明された拷問機械のなかにいると感じる日がある。それはライナーに陰毛をむしられ、皮膚が赤くなるまで引っ張られて白いにきびができるような日だ。ソケットのへりが鼠蹊部を擦り、赤むけの、傷口の開いたみみず腫れができるような日。骨がソケット壁とぶつかって軋む日。床ずれが汗で湿ったシリコンのなかで治らず、炎症で熱を持ち——水ぶくれと汗疹と埋没毛ができる日。あるいはたんに、まるで糖蜜のなかを歩いて一日を過ごしたように、ギリシャ神話の煉獄の罰を運命づけられたように感じるとき。

皮膚へのダメージが、自分がテクノロジー機器と合体しているのをしょっちゅう思い出させる。そこは痛みとリスクの場——無慈悲なテクノロジーが肌と肉と出会う、混乱した境界になる。すべての人にこの感覚はあるだろう、だが靴ずれやコンタクトレンズの痒みやつけ心地の悪いイヤホンがわずらわしさのもとであるなら、義肢装具のインターフェースが引き起こす筋骨の機能不全や慢性的な皮膚の破損と感染症は、それよりはるかに深刻だ。

取引

ジャックに会って数日後、私は注文したコーヒーを無料でもらう。「うちのおごりです」とその女性は言う。義足であるためにこういった心づけをほかの人よりも頻繁に受け取っているということがあるだろうか？　カフェの裏手に腰掛けてラップトップを開いていると、だれかが近づいてくる――さっきのバリスタだ、レジカウンターになにか置き忘れていただろうか。彼女は足を引きずっている。

「すみません。よろしいですか？」東欧のアクセントがある。「あなたの脚を見て」

「ああ、なにか？」

「相談に乗ってくださらないかと思って。足首が悪いんです。切断したほうがいいのかもと思っているんです。あなたはどんな感じか伺いたくて」

こういうことは驚くほどしょっちゅう尋ねられる。だれかが（あるいはそのだれかのいとこが）膝や足首に怪我をして改善の余地がなく、軟骨がすり減ったり骨が回復しなかったりして手術が必要なのだ、と。医師には切断手術の可能性を告げられている。歩行できる可能性が深刻に狭まっているために、義足がセカンドチャンスをもたらすかもしれない、と言われていることもある。なによりも、彼らは苦痛をこうむっている。そしてどこからはじめればいいかわからないのだ。

「それはお困りでしょう」と私は言う。「コーヒーをありがとう」

「あなたの脚――素晴らしいですよね、それにとてもさっさと歩いていて」

「悪くはないですよ。慣れないといけませんが」

「どのくらいかかりましたか？」

「松葉杖なしで歩けるまでにはだいたい四ヶ月でしたが、それが普通に感じられるまでには一、二年かかりました。運がよかったんです、最良の義足を与えられたし、必要なリハビリをすべて受けられたから。軍隊で負傷したんです」

「どんな気分なんですか？」

言語を絶することについて述べよ――義足をつけているときの気分はどんなものか？　切断者として過ごすうちに、その避けがたい不快さにたいしては無関心になっていくらしい。ウェットスーツ素材を履くのに少し似ているが、濡れることによって暑さや摩擦が軽減されたりはしない。まるで鉛底の窮屈な靴を履いているように一日中締めつけられていると同時に、緩んできて滑ってはつま先と踵にぶつかるみたいな面もある。私は「不快にもなりえます」とだけ言う。

「痛むんですね？」

「ええ、ときどきはものすごく――外すことさえできればどうなってもいいと思うことがあります。まったく痛くない日もありますよ。慣れるんです」

「私は大丈夫だと思いますか？」

その質問には答えられなかったけれど、最後には当たり障りのない、楽観的な激励の言葉を返した。実際、だれも彼女に答えることはできない。手術のリスクがある。幻肢痛と神経痛を引き当てるかもしれない。ソケット調節につぐ再調節の、長く、徐々に増えていく過程と、苦痛に慣れるまでの年月がある。一見しただけではランダムで突発的な症状の再発と合併症が、自立して無痛状態だった人を動かなくさせ、痛みをもたらすこともある。だから医師と患者は四肢を維持するためにあらゆる手を尽くそうとするのだ——それを取り去ってしまう前に。だがその反面、切断手術を経てあらたに自由を得た人々の実に多くが、負傷した四肢を維持しようとした年月は時間の無駄だった、と言う。

彼女が立ち去ってくれてほっとする。そう、今日は大丈夫な日だ。たしかに義足は断端を快適に包んでくれていて、私は空気のクッションに乗って歩いている——ほとんど愉快でさえある。痛みがある日だったらあそこまで楽観的にはなれなかっただろう。専門家の忠告に耳を貸すことです、なにをするにも結論を急がないで、と彼女に伝えたかもしれない。生やさしいことじゃないですよ、とそんなふうにも言えたかもしれないが、その言葉の意味は通じようもなかったかもしれない。通りを歩く私を彼女がまだ見つめていて、あれこれ想像しようとしているのがわかる。

著書『重い代償』（*A Heavy Reckoning*）のなかで、エミリー・メイヒュー博士はアフガニスタン方面作戦の医療の歴史を記録している。医療にまつわる科学と技術とテクノロジーの進歩が、それまでは生き残れるはずのなかった兵士たちをいかに救おうとしてきたかが描写される。また彼女は「取引」について書く――人類の文化と歴史上のあらゆる神話と伝説が示すように、死を欺く契約にはいくつかの結果がつきものだということを。身体を死の瀬戸際から引き戻すときには、いつも代償がある。彼女によれば、私のような兵士たちが負う代償は「老年にともなう体調の変化である――高血圧、糖尿病、冠動脈疾患、慢性腎臓病（これは序の口だ――ほかにもまだあるだろう）」。私は人より早く老いるだろうし、寿命を縮められたということだ。負傷してから過ごした日々と時間に起こったすべてのことが、ひとつの交渉だった――いま命をくれ、短くて質の乏しい余生と引き換えに。

これを読むのは嫌だった。彼女の間違いを証明しようと決心した――私は長く健康な一生を送ろう、と。

だが彼女の書いたことに真実があるのもわかっていた。救われることの代価はたしかにある。リハビリがもっともうまくいった切断者でさえ、身体とテックの関係にはつねに注意を傾けなくてはならない。それはわれわれ切断者にかぎらない。衰えた人体を修繕することに代価はつきものだ。医療上の副作用についてはよく言われる――薬包の裏に記載されていたり、待合室に座っているあいだに読み上げられたりする。そしてわれわれはみずから、もしくは愛する人に代わって署名する――そのことを理解し、同意した、と。これらのリスクにどれだけ注意を払うかは、治療を受けたり、痛みから解放されたり、あと数年生きながらえたりすることをどれだけ必要としているかによっている。薬物や手術や義肢装具で身体を治療するときにはたいてい妥協があり、そこから代償をともなう関係がはじまる。

パーキンソン病患者の制御不能な震えが、医師がコンピューター上で「ダイヤルを回す」ことでほとんどゼロにまで軽減されるのは驚くべき光景だ。YouTubeでも映像を見ることができる。患者が医師のデスク脇の椅子に座り、激しく震えている。医師は彼女の脳の深くに埋めこまれた装置のスイッチを入れるところだ。次に数週間前の彼女の姿が映る。患者は手術室にいて目覚めており、前頭に感染遮断物を巻いている。背後には外科医の一団が立っていて、ドリルで患者の頭蓋骨に「コイン大」の穴を開け、電極を脳の中央部に向かって挿しこむ。べつの医師が彼女に話しかけているのは、彼女の反応に、脳の重要な部分が損傷しかかっているのを指し示すような異常がないかを見るためだ。

深部脳刺激療法（DBS）は脳のペースメーカーのようなものだ。パーキンソン病や本態性振戦、ジストニア、てんかんや強迫性障害といった疾患への処置である——脳の異なる部分に適用されると、うつ病にも効果がある。装置には鎖骨付近に埋めこまれたインパルス発生器（バッテリーパック）が含まれ、そのケーブルは首をのぼって電極につながり、電極は脳の中央部、視床付近に置かれ、それらすべてが皮膚の下に封じこめられる。装置が発生させた高周波の電気刺激が、不随意な運動を引き起こしていた異常な脳の信号を上回って無効にする。（いかにしてDBSが機能するかについての理論はあるが、これは完全には理解されていない医療テクノロジーの一例である。われわれはただ、それがそうなるのを受け入れるだけだ。）

医務室の映像に戻ると、患者がはじめて装置を起動させようとしている。その決定的な瞬間の前に、彼女はいくつかのテストを受けさせられている。自分の鼻に触る、医師の指に触る、コップを口元に運ぶ。どれも果たすことができない。震えは制御不能だ。ついに医師が装置のスイッチを入れる。脳の奥で電極が神経細胞に電気パルスを送る。医師が周波数を変えてゆくと、やがて震えはほぼ完全におさまる。患者はコップを自分の口に運んで中身を飲み、名前を書き、シャツのボタンをとめる。どれもここ何年ものあいだできなかったことであり、彼女は声をあげる。手術の侵襲性をふまえると結果はきわめて良好であり、副作用はまれだ。ＤＢＳが根本的な治療ではなく、たいてい症状はゆっくりと元に戻ってくるとしても、この手術が患者の人生を一変させうるのは疑問の余地がない。

ここ五十年で器具とバッテリーとエレクトロニクスが進歩した結果、身体に導入する医療機器はきわめて多様になり、あらゆる器官の疾患に役立つようデザインされるようになった。人工関節、臓器組織や腹壁の欠陥を補うメッシュ、白内障のための眼内レンズ、人工耳、歯科インプラント、ペースメーカー、バルブの人工弁やステント、人工心臓、脊髄移植、神経インプラント――どれもますます一般的になり、いまや驚くほど大きな割合の人間（アメリカ合衆国にかぎっても二千五百万人）が、それらの目に見えない、人工の身体拡張装置に頼っている。

だがいずれの場合も、身体は傍観者ではありえない――生物学的なレベルでの取引があるのだ。砂が目に入ったときの怯《ひる》むような痛みや、木片や金属片が押し出されるまでそれらを取り囲む赤い腫れや、飲んではいけないものを飲みこんだときの喉の痙攣を経験するだけでも、身体が異物にたいしていかに激しく反応するかがわかるだろう。私が負傷から回復しているときは、腕と脚に点在していた爆弾の破片が異物反応（ＦＢＲ）を引き起こした。組織はまず急性炎症で反応し、これらの破片を（食細胞で）取りこもうとした。破片が取りこむにも追い出すにも大きすぎ、また過度に金属的だとわかると、線維芽細胞がそれを瘢痕組織で囲い込み、肉芽腫や嚢胞を作り出し、身体の残りの部分から分離させた。この破片は、私が死ぬまで皮膚の下に閉じこめられたままかもしれない。表面に移動してきて、いつか取り出されるかもしれない。あるいはこれから先のどこかでなんらかの刺激を受け、抗生物質治療が必要な感染症を引き起こすかもしれない。

体内の装置もそれと違いはない。もちろん、それらはＦＢＲの度合いを最小限にするために慎重に選定された素材でできているし、挿入手術は厳しい滅菌基準のもとで行われる。だがあらゆる異物がそうであるように、インプラントもそれが埋め込まれる先の組織にきわめて大きな影響を与え、ホストの炎症反応を引き起こすことがある。その装置が身体の部外者としてあつかわれ、隔てられるのである。そして生身の組織《ウェットウェア》とハードウェアの隙間は――それがどれほど小さく、挿入したときには清潔でも――感染症のリスクになる。

バクテリアはふたつの方法で生き延びる。プランクトンのように浮遊するか、もしくは「バイオフィルム」と呼ばれる膜に包まれた集合体として。プランクトン的な形状のときは、隔絶した個体として溶液のなかを漂う。それらは抗生物質とホストの免疫反応にたいして脆弱な状態にある。だがバクテリアはバイオフィルム、すわなち「細菌の都市群」とも言われる小さな生態系のなかで生きることで強固になる――彼らは数の恩恵を受け、遺伝物質を共有し、なによりも自分たちを三つの層からなる構造体として組み立てることでホストの免疫反応への耐性を身につけ、抗生物質にも強固に対処できるようになる。（歯についたプラークがバイオフィルムの一例だ。）そしてひとたび「都市」が集合体の「達成」に有益ではなくなるとバクテリアの塊は分離するのだが、それが身体中にばら撒く感染源は、敗血症性ショックと死の原因になることもある。身体と異物の隙間は、これらのバイオフィルムが成長するのに完璧な環境なのだ。

いまもっともありふれた医療関連の感染症の原因がインプラント医療機器であること（五十〜七十パーセント）も、問題のありかを示している。またそれは、いかに多くの人が体内になにかしらを埋め込んでいるかも伝えている。これらの感染症は、抗生物質による治療、再置換手術もしくはインプラントの除去を必要とする。装置によっては死のリスクもある。もし尿道カテーテルが汚染されても――いつかの時点で百パーセントそうなるのだが――致死的なリスクは五パーセント以下である。だが汚染されたのが人工心臓弁であれば、そのリスクは二十五パーセント以上になる。そして薬剤耐性菌の問題がますます脅威となるにつれ、われわれに可能な対処の方法はますます限られてきている。これが進化のやっかいな側面だ。バクテリアの侵入先となる人間のホストは増えており、バクテリアはわれわれの抗体と抗生物質に打ち勝つために変異しながら、より強い耐性をつけている。

私たちは医療のこちら側をあまり見せられることがない。人は屋根の上でトランペットを吹くように成功を告げたいと思うもので、コントロールできないことには言葉を費したくない——そしてFBRが起こす炎症反応とそれにともなう感染症をコントロールすることは、いまだにままならない部分なのだ。このやっかいな副作用は、インプラント技術がもたらした臨床上の解決策の素晴らしさに比べると軽く見られがちだ——なにしろ身体を取り替え、補うことで、文字通り命を救えるのだから。しかしより洗練された装置を作れば作るほど、その装置はあたらしく微妙な仕方で身体と相互に作用するわけで、FBRの問題はさらに深刻になる。

人工眼《バイオニック・アイ》は驚くべきものだ。脳内に挿入され、視覚障害者に視力を与えるようニューロンを刺激する装置である。この装置は輝かしく未来的だ——かつて暗闇だったところに光が射すのだから——しかしプレス記事は、この最先端の発明品にたいして身体が攻撃を開始することには言及しない。現在の人工眼は、もっとも高水準のもので百個の電極列〔原書執筆時点〕が大脳皮質に慎重に配置される。結果として患者は十掛ける十の格子状の点が明滅するのを見る。理想的なケースでは患者は形態と輪郭の微妙な差異を見分けることができるかもしれないが、その解像度は視力が回復したと言うにはほど遠い——むしろ世界を航行するための補助というべきものだ。

こうした（神経組織と相互に作用する）タイプの装置には、これまでは金属の電極が使われてきた——非毒性で、ニューロンを刺激するに足る電荷を運ぶことができるからだ。だが患者が光のスポットを見る（もしくは人工耳においては音を知覚する）ためには、その電荷の流れがある程度の大きさで発されなくてはならない。しかし電流が大きければ大きいほど、活性化されようとしている脳組織がこうむるダメージは大きい——組織は電気ショックを与えられるのを好まないのだ（分子レベルの粒子の荷電やスピンが細胞の機能にとっていかに重要なのか、判明していないことはたくさんある——そして「人工的な《プラスセティック》」電流を加えることはそのバランスを崩すことになる)。装置が最初に起動し、患者に光のスポットがはっきりと見えるとき(椅子に座った患者から声が漏れるのを想像しよう)、早くも身体は装置にたいして壁を築きだし、刺激を受ける組織から絶縁させようとする。そうしてできた瘢痕を通して視野を得るためにはさらなる電荷が必要となり、装置は「強められ」、組織はさらにダメージを受けて、もっと大きな瘢痕を作る。時間が経過するにしたがってニューロンは死に、装置の効果は弱まっていく。

だが視覚障害のある人々は、誘導の補助にしかならないような明滅する点以上のものを見られるハイテク機器を望んでいる。(周囲の進路を見つけるためだけなら、より賢明な手段があるだろう——白杖や盲導犬など。)あなたが脳内に電極を埋めこむとしたら、そのリスクに見合う機能があってほしいと思うはずだ。そして神経システムに接続する装置を開発し、失われた視力をきわめて原始的な点のまぼろし以上のもので補おうとするなら、ハードウェアとヒトの仲立ちをするそのインターフェースは、もっと多くの情報をより正確に伝えなくてはならないだろう。

現行の電極の金属が硬質な非有機体——人体が異物とみなす第一候補——であるために、研究者たちはいま、脳内で共存しやすい便利な素材をあらたに開発している。それは組織を模倣し、FBRを減らしながら、なおかつ知覚治療に役立つ量の電流を運ぶことができるような物質だ。すでに試みられている解決策のひとつはハイブリッド素材である。ハイドロゲルでコーティングされ、装置と神経システムのシナプスのつながりを増大させる幹細胞を埋めこんだ電極——柔らかいコーティングがほどこされており、生きた組織とテクノロジーの物質的ミスマッチが少ない、いうなれば生ける電極だ。電極がわれわれ自身と同じ（もしくはほぼ同じ）素材でできていれば、ＦＢＲの可能性は減り、装置と身体のより自然なコミュニケーションの可能性が増す。

負傷して以来、いくつもの感染症を経験してきた。これからも、健康な数年間を過ごしたあとでかすかな違和感に気づくことがあるだろう。腕に埋まった古い爆弾の破片や残った足の一部が炎症を起こすだろう。肉は熱を持って痛むだろう。抗生物質で落ち着いても、痛みは大きいだろう。その痛みには、もしかしたら今回ばかりは抗生物質も効かず、脚をまた少し切り落とすことになるのではないか、という不安が混じっている。たとえ健康なときでも、外からは見えにくいある程度の痛みはつねにある。それがハイブリッドとして生きていることの代償のようだ。

切断者としての十年間が私を痛みのちょっとしたエキスパートにした（自分のことをそう見なすようになった）。義足をつけているのはどういう感じかと訊かれたら真っ先に話すのは——やや殉教者ぶりすぎているかもしれないが——痛みのことだ。はじめのころ、痛みというものが真新しく、苦しいほど異質に感じられていたとき、ずらりとあるカラフルな錠剤を飲みこむのは助けになった。だがその「取引」の結果、すべてのことが船酔いのようなもやを通してしか経験できなくなった。だから私は意識的に痛みとの関係を変える努力をし、それとともに生活し、投薬をやめようとした。（やめるのは早すぎたとまもなくわかった。私は「禁断症状《コールド・ターキー》」がどんなものかをはっきり認識することになった——ボウルにかがみこみ、ついさっき飲んだばかりだった鎮嘔吐剤が胆汁のたまりに浮いているのを見て、看護師たちに薬を返してくれと懇願した。）けっきょく「クリーン」になるにはもっと時間がかかり、徐々に減らしていくことしかできなかった。いま定期的に飲んでいる鎮痛薬はない。身をもって学んだのは、こうした薬を飲むときにわれわれが受け入れる取引は、割に合わないということだ。*

代替的な疼痛治療もある。ひとつは神経システムの配線に直接入りこむ、末梢神経刺激の治療である。これらの体内で動く装置の働きはDBSと似ている——脊椎（群発頭痛にたいしては口蓋の神経）のそばに電極が挿入されるのだ。電極が疼痛信号を緩和することで、患者がそれを感じなくなったり、疼痛信号とは異なる、より痛みの少ない感覚（異常感覚《パレステジア》と呼ばれることもある）や、ちくちくしたり、痺れるような感じで受け取ったりする。もっとソフトな解決法もあり、うちいくつかは呪術への逆行のようにも見える。鍼療法、経頭蓋磁気刺激法、もしくはカンナビジオールのような医薬品の代替物、あるいはバーチャル・リアリティ。どのような治療法を使おうとも、疼痛はいまでも対処するのがもっとも難しく過酷な状況であり、もっとも治療が行き届いていないことのひとつだ。

*鎮痛剤の代償は集団レベルでもよく記録されている——多くの国で過剰処方と誤用によるオピオイド危機が起こっている。アメリカ合衆国において、オピオイドによる関連死の数は二〇一三年から二〇一七年のあいだで九十パーセント、約二万五千人から四万七千人以上にまで増加している。百七十万人が処方オピオイドの中毒になっており、国はその治療に毎年七百八十五億ドルを費やしている。きわめてコストの高い課題であるため、あらたな処方ガイドラインが医師たちに伝えられ、ますます多くの財源が代替的な疼痛治療の研究に充てられている。

日々の生活のなかで、だれもが痛みとはなにかを知っている。手を火傷したら痛みが生じ、それを止めるために熱湯からぱっと手を引く。これをもう少し科学的に書いてみよう。われわれの組織の知覚神経細胞——またの名を侵害受容器——への侵害（熱／化学／機械）刺激によって生じた信号が、神経繊維の連なりに沿って脊髄を経由して脳に達し、痛みを軽減し規制する行動を引き起こす（引っこめられる手、そしてエンドルフィンとエンケファリン——身体の天然鎮痛剤——の放出）。これが侵害受容である。神経システムはこうしてわれわれを守っている。

しかしまた、だれもが、侵害受容ばかりが痛みではないと感じている——痛みは、こうした身体のメカニズムが感情的な経験に変容することでもある。手を火傷したとき、悲しくなったり、怒ったり、苛立ったりする。そして侵害受容が観察可能であるいっぽう（引っこめる手を見ることができるし、神経システムのなかで放たれた信号を測定する道具もある）、痛みの情動はそうではない。完全に主観的なものだ。痛みの比喩——**鋭い、刺すような、押しつぶされるような痛み**——とか「痛みの度合いを一から十の段階で評価してください」といった問いが、自分がどう感じているかを医師に伝えるときの唯一の方法であるのは、驚くにあたらない。

痛みがどのように起こるかを知ることは、私にとって、それがどれだけ痛むかとか、それがどれくらい続くかということに比べたら、はるかにささいなことだという気がしている。痛みのなかでも、特定の負傷や疾患によって生じ、身体の保護を目的に働いてからその回復とともに消える痛みは、急性痛と言われる。通常の回復時間を超えて残る、しばしば三ヶ月以上と定義される痛みが慢性痛だ。* このとき、痛みそのものが本質的に疾患となる。なぜ痛みが慢性化するのかは完全には解明されていない。知られているのは、負傷することが、脊柱のなかのニューロンの経路に知覚が鋭敏な状態を発生させるということだ。これには防御の働きがある——怪我した手が治癒するまで世話しなければならないことを、身体がわれわれに知らせるやりかたのひとつなのだ。だが時折、神経経路が極度に過敏になり、傷が治ったあともその状態がきわめて長く残ることがある。ある理論では、傷からの多量の疼痛信号が、脊椎から脳に至る旅の過程で増幅される場合がある、という。これは中枢性感作とか「ワインドアップ」と呼ばれたりする。痛みはひとつの曲を演奏するオーケストラのようだ。その曲が演奏されつづけると、神経経路はその**演奏**に上達してゆき、学んだその曲だけを演奏しつづける——そうするのが有用でなくなってもずっと。これこそが、解明されているかぎりでは、線維筋痛症や過敏性腸症候群やその他の神経障害性疼痛に見舞われている患者のなかで起こっていることだ。

そして痛みの時間が長ければ長いほど、感情も激しくなってゆく。私たちの注意を引きつけ、私たちを社会的に孤立させ、眠らせまいとする。私たちは反芻し、状況を過剰に悲惨にとらえ、不安

＊しばしば混乱があるので書き留めておきたいのだが、「慢性的」という言葉は、痛みの深刻さではなく、たんにそれがいつまでも続くことを示している。長く続く痛みは、それが軽度のものであっても慢性的なのである。たとえ軽度でも慢性的であることはきついもので、なにしろ目に見える終わりがなく、続くことそれ自体が苦痛に満ちたものだから、用法にも混乱が生じる。（最近の造語に「持続する痛み《エンデュアリング・ペイン》」がある。痛みが消えずに残り、持ち堪え《エンデュア》なければいけないものであるのをよりよくあらわした言葉だ。）

は急増する。それは私たちを惨めな気持ちにする――とりわけ、それが目に見えたり、医師に説明できたりするような傷と結びついていないときには。痛みは障害になりうる。多くの障害者にとってはそれが現実であり、折り合わなければならないものだ。障害者は非障害者よりも深刻な痛みを、より頻繁に感じている。非定型的な身体や二次的疾患の直接の結果としてあらわれることもある――病的な肥満をもたらす不活動による痛み、膀胱や腸の不具合、筋骨格の奇形、そして奇妙な神経障害性疼痛。あるいはテクノロジーと交流することによる痛み――薬物の副作用、定期的な医療処置による痛み、車椅子の利用による床ずれや義肢装具の摩擦。ハイブリッド・ヒューマンであるということは、どうやら現状では、痛みを経験するということであるようだ。

切断者になるとほとんどの人間が経験しないような特別な痛みを経験する、ということについて話しておいてもいいだろう。幻肢痛とは、もう存在しない身体の一部から来るように感じられる痛みのことである。痛みとはまったく言えないが、実態のない感覚がある場合もそう呼ばれる。大抵は特定の出来事によって引き起こされる――たとえば寒い気候だったり、感情的な引き金があったり、（そして私の経験上、もっとも不愉快なもののひとつに）肢を失っていることを忘れていて、それを使おうとしたりしたときなどに。想像してみてほしい、跳ねて転がってきたボールを反射的に蹴ろうとするが、脚がそこにない、というのを。究極の空振りだ。

以前同室になったことのある切断者は、なくした脚が不快な姿勢で凍ったように動かない、と文句を言っていて、横たわっているとまるで自分の膝が曲がってベッドを突き抜けているように感じていた。それは奇妙で痛みに満ちた感覚で、彼は仰向けで眠れなかった。リハビリ施設で知り合ったシングルの下には地獄のような痛みがあり、残った脚の神経を変えるための手術をした。*べつの者は自分の痛みについて、昆虫が大挙して這い回っているようだと表現した。歴史上の一例を挙げれば、サンタ・クルス・デ・テネリフェの海戦（一七九七年）で右腕を失ったネルソン提督は、指が手のひらに食い込んでいるようだ、と語った。彼にとってはそれが魂の存在証明だった——消えた腕にまだ感覚があるのなら、身体全体が消えても同じなのではなかろうか？

熱く・痒く・刺すような・冷たい・脈打つ・電気的な痛みはなにを意味するのだろう？　私の独特な経験がそこまで有用だとは思わないが、とにかく描写してみよう。まず解剖学的に言うと、私が義足をつけているとき、足先がカーボンファイバーの足元に向かって降りてそこに収まっているという感覚があり、ジンジンとした痛みがある。そしてベッドにいるときの足は、入れ子式に短く畳み込まれて断端の先で小さくなっており、ちくちくする感じがする。幻肢を動かせるという人もいるけれど、私はできない。脚もつま先もがっちりと固定されていて、どれだけやってみても動かない。やってみようとするだけでも痛みのきっかけになることがあり、それについて考えれば考えるほど痛みはつのっていく——やらないほうが賢明だ。それに、おそらくなによりも面妖なのは、

＊幻肢痛を止めるために、彼は脚の再手術をした。切り開いてみると、そこには神経腫があった——痛みを引き起こす神経の塊で、切断された神経がふたたび成長しようとするときにしばしば生じるものだ——そこで標的化筋肉再神経分布（TMR）を用い、損傷したふたつの神経を接木してあらたなつながりを作り出し、べつの神経腫が育つのを防ぐことで、痛みを止めた。

いまこうして書いているときにも私の脚が痛みだしていることだ、まるで書くことが痛みの伝達経路を作動させたみたいに……。

いま、右足の甲を感じている。それはたしかにそこにあって、皮膚の生々しい感覚が、記憶のなかの皺のある白さをありありとイメージさせる。つま先も痛んでいて、まるで砂浜で足を引きずって歩き、塩に刺されているようだ。そしてひと月に一度かそこらの頻度でほんとうに痛むときは、真夜中に熱い衝撃が脈打ち、唇から漏れる泡のようにぱちぱちと音を立てる——まるで離れることのできない電気フェンスだ。ものすごく薄いナイフが脚に刺さったまま残り、鈍い痛みになってくる、というようなときもある……とにかく痛みはいつも一様ではなく、そのたびに驚かされる。痛みのために笑うこともあれば、思わず叫ぶこともあり、ソケットの圧力という安心を求めてベッドを出て、義足をつけることもある。

掻くことのできない痒みもある。それがふくらはぎのところに数ヶ月おきにやってくると、解決策はなく、ただ耐えて——ダンテが書いたように——地獄の第八圏に入るほかない。最悪の罪人に用意されたその場所で、彼らは「癒すことのできないすさまじい痒みという／燃えさかる激しい怒り」を受けることで罰せられる。そして子供たちと歩いているときなど、水溜まりを踏むと脚が氷のように冷たくなることがあり、何時間たっても温めることはできない。氷の塊を押し付けられたように痛い。なかでもいちばん奇妙なのは、オーガズムに達するとき——どうやら脊椎の神経の配線が関係しているようなのだが——大きな痛みの波が足裏から泡立ってくることで、快感と痛みが強烈に混じって感じられる。こうしたことを医師や科学者に話すと、彼らはいつも、そういうこともあるだろう、というふうに頷くけれど、なぜ負傷からこれだけ経っても痛みが続くのか、その仕組みはなんなのかと尋ねても、首を横に振る——はっきりとはわからないのだ。痛みへの理解は乏しい。痛みは奇妙だ。痛みは取引の一部だ。

痛みと副作用のリスクとFBRと装置の不具合があるとしても、この取引をへて生きることには、もっと希望を抱けるようななにかがあると私は信じている。語れるのは自分の経験だけだけれど、医療技術への依存にともなう多くの代償——痛みのせいで子供にたいして怒りっぽく短気な人間になるかもしれないし、不安は休日を台無しにするし、走ってバスを追いかけることも、サッカーをすることも、一晩じゅう踊ることもできないフラストレーションもある——にもかかわらず、私は同時に、こうでなければ感じることのできなかったであろう世界をあらたに経験していて、人生をそれまで以上に意義深いものとして感じてもいる。医療技術が人格を変えるのはよく知られている——薬物がそうだし、DBSを受けた人々のなかにも変化を報告する人がいる。そして私もまた、よりよく変化したと感じている。

ほとんどの場合、周囲の人々に見えるのはその取引だけである。人は障害のある人を見ると、彼らが経験しているのはそれぞれの障害だけだと決めてかかる。障害は、実際は経験全体のごくわずかな部分を形作っているにすぎないのに——彼らは抱えている障害以上の存在なのに。すべての人がそう言えるわけではないだろう。私は幸運だった。障害を得ても希望を抱くことができたし、さまざまな代償にもかかわらず、それを変えたくないと思えている。なぜそうなのかを説明するのは難しいけれど。

数年前、私はひとりの女性とやりとりした。自分の負傷の経験について、とあるグループに話していたときだ。それはこんなやりとりだった――

彼女が尋ねた、「心的外傷後ストレス障害《PTSD》とはどのように向き合ったのですか?」

私は答えた、「PTSDになったことはありません」

「なっていないということはないでしょう」

これにはかちんときた。「どうしてあなたにわかるんです?」

「いえね、私は精神療法士だったことがあるんです――それにいままでのことについてのあなたの話しかたからもわかります。あなたを見てもね」彼女は手を振って私の義足を示した。

私がどれだけ心的外傷後ストレス障害になったことはないと言い、自分が幸運だったということを認め、そしてついには、いつかPTSDがあらわれるかもしれないことを認めても――外傷を受けてから十五年後に発症するケースも多く、自分もその犠牲になるかもしれない――、彼女はひたすら微笑み、同情をこめた目で見つめるだけだった。彼女の確信に満ちた顔を前にして無力を感じた。私は自分の身に起こったすべてのことが、現にどれだけ途方もなくポジティブに感じられたのかを話した。自分の知っている科学の話もしてみた。私たちはみな外傷《トラウマ》を負ったあとに心的外傷後ストレス《ポスト・トラウマティック・ストレス》を経験するが、そこまでは自然な反応の一部だ、と。そして「D」――障害《ディスオーダー》の部分、脳の機能不全――こそ、私がこうむらなかったものなのだ、と。彼女は頷いたが、私は彼女に腿をぽんぽんと叩かれて**まあ、まあ**、となだめすかされているように感じた。なによりも苛立たしかったのは彼女が私を犠牲者とみなしたことだったが、怒ったら相手の思うつぼだと思い、会話を先に進めた。

PTSDをめぐる言説はしばしば、われわれがほかの可能性に気づいていないことを示している。われわれの約半数が一生のうちに深刻な外傷を負う経験をするが、PTSDをこうむるのはそのうち十パーセント以下である。心的外傷後成長《ポスト・トラウマティック・グロース》（PTG）とは、生命の危機に反応する人が経験しうるポジティブな変化のことであり、必ず起こるとは保証されていないけれども、現実にPTSDよりもありふれている。その成長はさまざまな方法で感じられる。人生の真価をあらたに認めること、個人同士の人間関係が深化すること、感情的に強くなること、優先度を変化させ、より精神性の高い人生を送れるようになること。これらのこと――苦しみから良いものがあらわれるということ――を聞けば、明らかだろう。それは文明と同じだけ古くからある考えなのだ。

成長を感じるための備えが充実している人もいる。強固な社会的ネットワークや、友人や家族からのサポートがあることや、健康的で財政的に余裕があることも助けになる――それと同時に、レジリエンス、楽観性、気長であることといったそれぞれの特性もある。トラウマ的な出来事それ自体がいいものではないとはっきり言うことは大切だ。それは頻繁に、人生の虚しさという感覚をもたらす。複雑なのだ――外傷のあとで、PTGとPTSDはしばしば共存する。自尊心が低くなるのを感じ、他者を信じにくくなり、自制心を失い、さらに傷つきやすくなったと思いながらも、あらたに人生を讃えることができる。

がんの診断を受けた人はよく心的外傷後ストレスを感じるけれど、治療がはじまると彼らは成長を感じ、人生はあらたな意味を帯びて、自分を取り巻く人々とより近い関係を築く。私が感じているのはそれだ。そしていつも強く感じてきたのは、私を治したテクノロジーが、私の成長に――そして自分がまだここに存在していることで感じる幸福にも――欠かせないものだということだ。アシスティブ・テクノロジーは、私に活路を与えてくれた。

骨のこぎりをくれ

ある晴れた夏の終わりの日、ジャックのオッセオインテグレーションの手術を執刀した医師たちに会いに、バーミンガムへ行く。列車のなかでその処置についての学術論文をいくつか読む。私が手術を受けられないのはわかっている。金属のロッドが自分の皮膚を一生開きっぱなしにするというのを受け入れたとしても、私は適格ではない――厳格な倫理規約をパスしないだろう。朝七時に義足をつけたら、ベッドに戻るまでつけ続けている。切断者にとってはそれこそ順調と言うべきで、オッセオのリスクをとる意味はない。とはいえ、魅了されないわけにはいかない。もっとよく理解する必要がある――これから年月が経って、身体が長年の損耗で劣化したら、オッセオインテグレーションは選択肢に入るかもしれない。まさにジャックが言ったように、マイナス面や、現実離れしているという認識よりも、それが私にもたらすものが勝るかもしれないのだ。

最初の論文はオッセオインテグレーション研究の概観だ。切断者についての記述を読むと思いこんでいた私は、それが歯科医術にフォーカスしているのを見て驚く（そのテクノロジーがはじまって四十年以上経っていることにも）。その技術がもっとも一般的に使われているのが歯科インプラントの固定だということに、私は気づいていなかった。ドリルで顎に穴が開けられ、チタンの「根」がねじこまれる。あたらしい義歯が取り付けられることになるチタンの螺旋は、骨と結合している。私はスマホを取り出して画像検索をはじめる。スクロールしながら、開いて血のにじむ手術中の口や、歯茎から突き出て、先端が輝く歯で包まれたねじのてっぺんの画像を見ていく（そのなかには、茶色く壊死して見える失敗例と感染症もいくつかある）。論文はさらなる用途を列挙する――骨伝導補聴器、耳や鼻といった顎顔面の義肢装具装着、それに親指とその他の指の義肢装具――下肢の切断者のことについては触れていないが。その処置がどのように生み出されたのかについても、一、二文触れられている。

それは偶然に発見された。一九五二年、スウェーデンの整形外科医ペル・イングヴァール・ブローネマルクがウサギの脚を使い、生きた骨髄内の血流を観察するための実験をしていた（それまでは死んだ骨髄しか観察できていなかった）。彼はウサギの脚に穴を開け、顕微鏡のレンズを内蔵したチタンのインプラントを挿入し、数ヶ月にわたる骨髄の観察を行った。実験を終えると、自分の発見を概説する長い論文を書いたあとで、チタンのインプラントを取り除こうとした。できなかった――それらは骨と融合していたのだ。彼が偶然に発見したのは、チタンが生きた骨と構造的に一体化することができ、柔組織も刺激しないということだった。犬を対象にしたチタン製の歯科インプラントの実験を成功させたあと、彼はこの処置が、人間の義歯を固定するための長期的な解決策になりうると告げた。

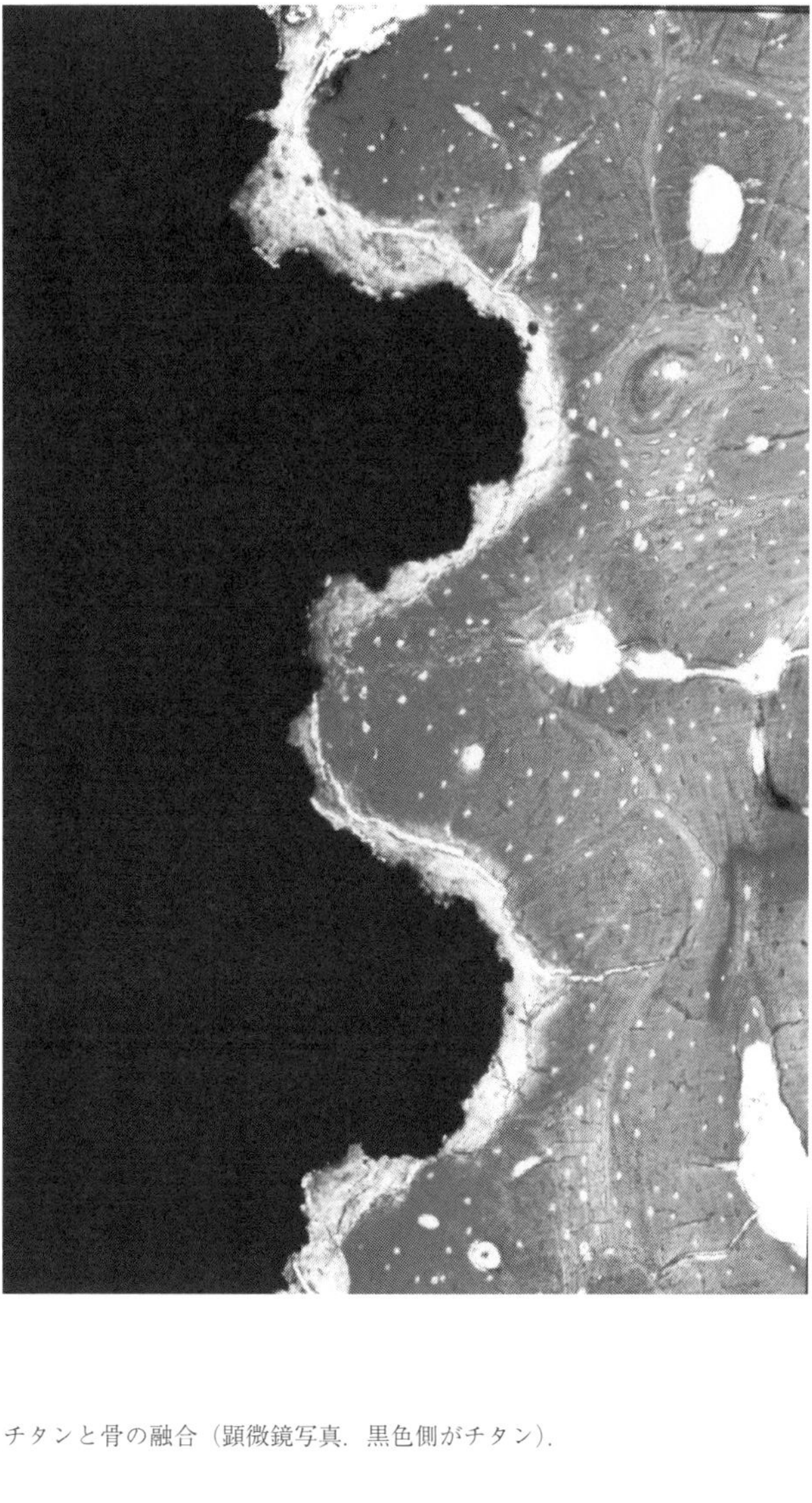

チタンと骨の融合（顕微鏡写真．黒色側がチタン）．

彼は歯科医ではなかったので、科学と医学のコミュニティはブローネマルクの発見を受け入れなかった。彼らはまた、ほかの金属が引き起こすような繊維組織の形成をせずにチタンが骨に結合するのも信じなかった。そうした繊維組織は、きわめて頻繁に合併症や感染症のきっかけになっていた。なぜチタンが違ったふうに作用するのかをブローネマルクが実際に説明できなかったということも足枷になった。彼は学会や研究会で敬遠され罵られ、大学の研究助成金は撤回され、除籍の要求があった。彼が個人で歯科診療所を開業し、歯のオッセオインテグレーションを一般に行うようになってはじめてその成果が評判になり、治療法がついに受け入れられた。いまやブローネマルクは現代の歯科インプラント学の父と目されている。

次にプリントアウトしてきていた論文は、ここ八年のあいだにオッセオインテグレーションを受けたおよそ百人のスウェーデン人切断者に注目している——著者のひとりはリカード・ブローネマルク、父にならって医学の道に入り、下肢のオッセオインテグレーションの草分けになった。論文はいささか無味乾燥で、リハビリテーションのプロトコルとその標準化について議論しているものだったが、いくつかの脚注には目を引かれる。スマホで〈グーグル・スカラー〉をフリックしながらほかの学術論文の概要を読むうちにだんだんわかってきたのは、金属のロッドを脚の骨にインプラントする方法はいくつかあるということだ。そこにはちょっとした競合のようなものがあるらしい。フロントランナーは、ブローネマルクによるスウェーデンのネジ接合軸《スクリュー・フィット・ステム》と、ムンジェド・アル・ムデリスという医師によって開拓されたオーストラリアの加圧接合軸《プレス・フィット・ステム》。私はアル・ムデリスについての『シドニー・モーニング・ヘラルド』の記事を見つける。

アル・ムデリスはイラク育ちで、特権階級の貴族のひとり息子だった。だが一九九九年、国を追われることになる。若い外科医としてバグダッドのサダム・フセイン医療センターで働いていたある朝、バス三台に満載された兵役忌避者たちが憲兵とバアス党の役人たちによって運びこまれた。手術チームはその日の緊急性のない手術のキャンセルを求められ、代わりに兵役忌避者たちへの懲罰として耳の一部を切り落とすよう命じられた。手術チームのリーダーはヒポクラテスの誓いを掲げてそれを拒み、外に連れ出されて射殺された。アル・ムデリスはひそかに脱出し、その日が終わるまで女性用トイレに隠れた。自宅には帰らず――帰れなかった、当局に見つかるかもしれなかったから――ヨルダンからマレーシア、ジャカルタを経由してオーストラリアに続く旅をはじめたのだった、そのほか百六十五人の難民たちとひとつの漁船に乗って。オーストラリアにたどり着くと、カーティン移民受付処理センターに九百八十二番として拘留された。十ヶ月後、アル・ムデリスはついに収容所から解放され、整形外科医としての道を歩み出した。

スマホを下ろして車窓から外を眺める。ぼんやりとした木々の緑を背景に、黒い送電線の柱が等間隔で流れ去っていく。

列車は揺れながらバーミンガム・ニューストリート駅に入る。私はひとつの論文の上のほうに「再読」とメモしてから、すべてしまいこむ。通路を進み、列車が停止するときの揺れに備えて座席のヘッドレストを握る。平らな石造のプラットフォームの上にひょいと降りる――歩くのに最適な表面だ。ヘッドホンをつけ、曲の上拍にあわせて歩く、まるで審査員が見ているみたいに。私は見せびらかしている。今日も立っているのが気持ちのいい日だ。

この旅はまるで聖地巡礼だ。バーミンガムに戻ってきたのは二〇〇九年以来で、崖っぷちから引き戻されたときにこの街にいたのだが、当時はそのことをほとんど理解していなかった。駅を出てウーバーをつかまえ、車内に腰を落ち着けて、街の風景をじっくり眺めようとする——赤レンガの建物と黒い歩行者用の柵を。私が救われた街だ。だが運転手が肩越しにこちらを見て私の脚に目を落としている。いつも質問だ。どう来るかはわかっている。タクシードライバーというのはどうしてこうなのだろう？ いつも質問だ。きっとこれが彼の乗り物で、彼はそれを身体化しているから、そのスペースに入ってきた私は格好の獲物ということなのだ。

「ハリーさん？」と彼は言う。

「はい？」と私。

「そこにあるのはなんです？」彼は頭を振る。

「ない脚ですよ」と私。

彼はバボールと名乗る。そして私も今回ばかりは適当にあしらうことができない。彼は私の巡礼の一環なのだ。バボールはアフガニスタン出身だ。兄弟に将校がいたという。彼の兄弟はソビエト連邦とムジャーヒディーンの戦争で爆発に巻きこまれた——どちらの側で戦ったのかははっきりしないが、おそらく政権軍だろう。バボールの言葉をしょっちゅう聞き逃す。アフガニスタン／バーミンガムのアクセントとプリウスの振動のせいで、彼の言葉はひどく聞きとりづらい。

だが私はもう窓外の街を眺めてはいない。後部座席からバボールのスペースに身を乗り出している。彼の兄弟は私と同じ歳のときに負傷していた。夜間の作戦中で、**道端に地雷があった。脚を二本ともなくした。**彼は除隊させられなかった——それから何年も管理職として務めた。いまは五十五歳でカナダに暮らし、ホテルで働いている。**楽に稼いで、楽しく暮らして、義足もいいものを使ってるよ。**ふたりは長年会っていないが、スカイプで話しているという。自分がバボールよりもっと最近にアフガニスタンに行っていたというのは不思議な感じがする。話題はいやおうなく地政学に移り、車がロータリーに入ってクイーン・エリザベス病院の降車エリアに向かったとき、私はほっとする。

ジョン・ケンドリューとコスタコーヒーの前で待ち合わせる。彼はライトブルーの英国空軍の制服を着て、飛行隊長の肩章をつけている。制服はここでは珍しくない——病院は王立軍事医療センターの本拠地だ。会議室に案内され、一時間ほど話す。私たちはほぼ間違いなく初対面で、彼が私に「施術した」こともない。だが狭い世界なので、何度かのニアミスはある——私がアフガニスタンの野戦病院を出てまもなく、彼がそこへ到着した、とか。

衛生兵として英国空軍に加わったとき、ジョンにはいずれ高速ジェット機のパイロットになるという野心があったが、整形外科の訓練を積んでいたことでアフガニスタンに勤務することになった。彼はそれを自分の職業的オリンピックだったと評する。毎日が外傷手術の猛襲だった、と——あまりにも多くの「ひどい病身の」若い兵士たちが戦場から運びこまれてきた。十年間、彼らの回復を見届け、立ち直るための苦闘をそれなりに見てきた。そのことが理由のひとつになって、彼はあらためてオッセオインテグレーションに注目した。

彼は自分がオッセオの手術を専門にするとは思ってもいなかった――「傷を開いたままにするなんてどうかしてる、とずっと思ってましたよ」と言う。「でも私たちは患者たちに突き動かされたんです。もしイギリスでそれを提供する者がいなければ、彼らが私的に海外に渡ってでも実行することはわかっていた、NHSの監視や支援が届かない場所でね――イギリスは覚悟を決めて、やってみようじゃないか、と言わざるをえなかった。もっとも難しかったのは、感染症とひどい負傷歴を持つ――生き延びられないかもしれなかった――患者にたいして、その処置を安全に行えるようにすることでした」

ジョンは、患者たちがいかに最良のインプラントシステムを――爆破の犠牲者が引き起こす合併症を最小にとどめるものを――選ぶ必要があったのかを説明する。私が読んでいた論文にも出てきた、ブローネマルクによるスウェーデン式のネジで接合するインプラントと、ドイツのシステムについても言及する。最終的に彼らは、アル・ムデリスのオーストラリア式の加圧接合《プレス・フィット》システムを採用した。それは患者の体重負荷が骨の内部にインプラントを押しこむことで一体化を実現する。患者はより早く動けるようになり、手術のステップも減り、手術における麻痺と感染症のリスクもおのずと減少する。「プレス・フィットが選ばれる理由のひとつは、それが人工股関節全置換術の義肢装具と似通っているところにある」とジョンは説明する。「オッセオは思い切った処置に見えるけれど、ある意味では股関節や膝関節の置換術と変わらないのです」(私は『ランセット』誌で読んだ記事を思い出す。「世紀の手術：人工股関節全置換術（'The operation of the century: total hip replacement)」というタイトルで、百年間の進歩と、増加し続けているインプラントの生存率と、患者のあいだで増加しているアクティブな生活への期待が記されていた。）

ジョンはオーストラリアまで行ってアル・ムデリス博士と小さな交流会をした。「彼はオッセオインテグレーションに多大な貢献をしていて、その処置をできるかぎり広い範囲で可能にしたいと思っていた」とジョンは言う。「彼はカンボジアで、地雷の犠牲になってもなお戦場にいる者たちのための診療所を提供し――『今年のオーストラリア人』に選ばれています」オーストラリアから戻って数ヶ月のうちに、ジョンと彼のチームはここクイーン・エリザベス病院で最初の手術を行った。

手術は容赦のないものだと言う。「いまでもストレスフルですよ――彼らはこの手術を受ける最初の被爆患者たちです。脂肪塞栓症のリスクもある」

それがなにかを聞かないわけにはいかない。

「患者が手術台にいるとき、大腿骨に金属の軸を打ちこむことになります」ジョンの手の動きから察するに、それはＤＩＹのときにハンマーを打つのと変わらないようだ。「組織を過剰に圧迫するので、わずかな塞栓――脂肪、バクテリア、血栓、組織片――を血流内に出してしまうことがある。それらはそこにとどまって、血管を堰き止めてしまいかねません」彼はいちど爆発に巻きこまれた人々がいかに脆弱かを語る――たとえ爆発から何年も経っていてもだ。「とてもハイリスクだ、だからわれわれはだれに施術するかをほんとうに厳しく選んでいます」

ジョンは、この国の人々が試みのゆくえを注視していることにも気づいている。「これもストレスです。この手術が提供されていること自体に多くの人が驚いているのを知っているし、私たちがいろいろあるなかからオーストラリアのシステムを採用し、アメリカがそのテクノロジーを先に採用するまで待たなかったことに驚いているのも知っている」そして彼は承知している——こうした選択がどのような結果を生むかや、脚から金属片が突き出ていることが五年十年後にどうなるのかは、だれにもわかっていないということを。彼は微笑む。「軸を取り出さなくてはいけない事態にはまだなっていないし、だれも死んでいないし、敗血症になった者もいない——私費を投じて個人的に海外に行ったりして処置を受けた人々のなかには、そういう例も見られたのですが。この技術の開発は進行形です——下肢にオッセオインテグレーションを受けているのは、世界で五千人に満たない人々だ。でも、何年も歩けないでいた人たちが手術の三日後に自力でまっすぐ立っているのを見ると、やる価値はあると思うんです」

階段に向かいながら、私たちはジャックのことと、オッセオインテグレーションを受けた彼の調子がいかに良さそうかを語る。「ジャックのような患者を治療することは、きちんと環が閉じられるような感じです」とジョンは言う。「彼らが長い時間のあとでついに立って歩くのを見ることは、私のメンタルヘルスとレジリエンスにいいんです。そのサイクルのすべてを目撃する特権が自分にはあるんだ、と思える」

私はジョンに別れを告げ、病院のロビーに戻る。あるイメージが胸に残る。会話している最中のジョンの姿だ。彼はテーブルの向かいに座り、もう私を見てはいない。思い出にふけりながら言う、「ひとりの患者のことを思い出します。当時の診療所で見かけたのですが、そのとき気づいたんです、以前に彼を見たのはアフガニスタンで、自分たちが彼の胸を切り開いたのだった、と。MERTから降ろされてきたときには心停止状態でした。整形外科医として、私が治療にあたりました」まさにこのとき、ジョンは自分の前に手を掲げて宙を揉む。「そんなことはしたことがなかった。私は遺体で訓練を積んできました。でもそのときは生身の英国軍兵士を相手にしていて、彼に開胸心マッサージをしていた。心臓を手に持っていたんです」ジョンは両手を下ろす。「そして彼は生きた」また私を見て笑う。「そして勤務を終え、数年後に彼を見かけるわけです。こういう感じですよ――なんてことだ、生きてたのかい？」

ふたり目に会った外科医はデメトリウス・エヴリヴィアデス。私が入院していたときの外科医のひとりだったのは知っていたが、治療にどのように関わっていたのかは知らなかった。ただ彼が私の両親は元気かと尋ね、集中治療室にいた私の治療の進捗について彼らにどんなふうに知らせたかを話すのを聞いて、私のことをよく「知って」いるとわかる。彼はいまその顛末を語っている。私は創傷清拭《デブリードマン》（定期的な傷の清掃と点検）のために、飛行機で帰国して七日ほど経って手術を受けた。

「すごくはっきりと覚えていますよ」デメトリウスは言う。「あなたの脚を切り開いて清掃をはじめたら、脚の血管にそって菌がはびこっていました。震え上がりましたよ――見た目は『ドクター・フー』とかホラー映画に出てきそうな感じです。爆発があなたの脚に菌類胞子を叩きこんだのです。実際に発生するまでには十日かかる。恐ろしかった――エイリアンのようで。あなたは死にものすごく近づいていた」

テーブルを挟んで、自分の片脚を切断した男の向かいに座っているのは妙な気分だ。私たちはカフェにいて、コーヒーを飲んでいる。決断は簡単だったと彼は言う。「脚や腕を切除する指標は三つです。壊死しているか、命の危険があるか、まったくの有害であるか。あなたのは三つ全部にチェックマークがついた」

自分がいかに死の瀬戸際にいたかをここイギリスで聞くのは、これがはじめてだ。

デメトリウスは私の手術をしたメンバーであったとき以来、軍をしりぞいていた。二十年間イギリス空軍に勤務し、多数の作戦任務を展開して、空軍中佐として退任した。ジョンと同じで、彼もアフガニスタンにいた。戦時中の職場を共にしていたから、ふたりがオッセオインテグレーションで協働するのは自然なことだった。それは両者の専門領域に跨がっていた——半分は整形外科で、半分は形成外科。ジョンと違い、デメトリウスは手術にそれほど不安を抱いていなかった。形成外科医として頭頸部のオッセオインテグレーションを十年間やってきていた。損傷を受けた耳や鼻を切除し、小さなインプラントを骨に結合させ、ラボで作られたシリコンの人工装具を「打ちつける《ノック・オン》」。彼にとって、その恩恵ははっきりしていた。

彼はラップトップを開き、断端から突き出たインプラントの写真を順番に見せる。「微生物どもはここが大好きなんですよ」と言い、インプラントを覆うむっちりした皮膚と感染を起こして赤くなった部分を指さす。「彼らが育つのに格好の、湿った嫌気性の環境です。傷の分泌液もある。微生物の大好物だ。局所感染を起こすと、身体は肉芽組織——身体における〈ポリフィラ〉——をつくることで反応しますが、それがさらなる感染症を引き起こします。患者の約半数が開口部《ストーマ》に表在性感染症を発生させ、それが痛みを引き起こし、さらにたちの悪い、深部の感染症につながることもあります」一枚の写真は、その処置のリスクをきわめて生々しく要約している――赤く腐敗して壊死した肉の真ん中から、輝く灰色の金属ロッドが突き出ている。

彼は次の画像を見せる。またべつのストーマで、こちらは脂肪が削ぎ落とされ、網のような皮膚がインプラントの周りに広がっていた。「必要なのは快適で静かで、清潔で乾燥した環境です――これは私がやったもののひとつ」たしかに清潔に見える。デメトリウスはなぜ頭骨へのオッセオインテグレーションが比較的感染症を起こしにくかったのかを考えていた。「頭のなかは脂肪がきわめて少なく、インプラントを囲む柔組織にも動きがない」と言う。「断端にもその状態を作り出さなくてはと思っていたんです」皮膚がインプラントと接している写真を指す。「私たちはバイオテクノロジーの合成皮膚が骨の周りで育つようにしました。インテグラといって、牛と鮫の軟骨組織を組み合わせたものです。それが皮膚移植の際に、皮膚を育てる土台となってくれるのです。肝心なのは、合成皮膚には汗腺や毛穴がないので、汗をまったく生産しないということです――より無菌なのです。細菌にかんする問題が減ります」

インプラント周りの脂肪の量を減らすことによって、それらはより乾燥した、無菌の接触面を作り出す。私は写真をさらにじっと見る。皮膚が、大腿骨の中心から突き出たインプラントの銀のロッドに触れている。

喋っているときにデメトリウスに電話がかかってきて、患者を診に行かなければならなくなる。残された私は二十分間、患者たちがカフェの前をぎこちなく通り過ぎるのを眺める。ジョンとデメトリウスがうつ伏せになったジャックの身体を囲んで立つところを想像する。ふたりは皮膚を切り、断端をあらたに成形し、ドリルで大腿骨の中心を抜き、そこにインプラントを打ちこむ。いまでは慣れているにちがいないけれど、私は思ってしまう——メスで皮膚を切る前の瞬間、畏怖の念で慄《おのの》くように手を止めることはあるのだろうか、と。他人の身体を切り開くことで、患者をいままでより良い状態にできると考えるには、一定の傲慢さが必要だ、とデメトリウスは言っていた。

入隊したばかりのころの銃剣の訓練を思い出す。冷たく濡れた、へとへとになるような朝だった。軍曹たちから怒鳴られていた。彼らの命令で霧雨のなかを走り、遠くにぼんやりと見えるゴールポストに向かい、また戻り、彼らは何度も繰り返し走れと叫び、私たちはぜいぜいと息を吸い、口を乾かし、心臓の鼓動で頭をぱんぱんにさせ、彼らを憎んだ。彼らはまた走らせた。私たちは走り、走ろうとすることが感覚をなくすことと同じ意味になるまで走った。彼らは私たちの感情的な抵抗が変化するまで走らせ、私たちにも叫ばせ、私たちは銃剣を装着し、ジャケットを着せた干し草の塊に突撃し、刺した。攻撃性をコントロールするための訓練でもあった。そしてまた、自分以外の人間の表面を刺し貫くのに必要なものを理解するための訓練でもあった。

デメトリウスが戻ってくると、私たちはオッセオインテグレーションの代替案について話す。私は、たんに義肢装具がもっと使えるようになるだけでなく、生身の身体部位を育ててふたたび取り付けることができるような未来がありうるだろうか、と尋ねる。彼は私の腕を指して言う。「まさにいま、あなたの手をギロチンで切り落とすこともできるでしょう——私が手術室にお連れして付け直しますよ」それを聞いている私の指がぞわっとする。「そうしても大丈夫なんですよ。移植は実際、まったくどうということもない手術です。問題は手術ではなく、ドナーから手を移植したあとで必要になる免疫抑制です。移植された手や臓器を身体が拒絶しないように毎日薬を飲めば、寿命を、ことによると、二十パーセントは縮めるリスクがあるのです。取引ですね。だからわれわれは、移植手術の前に、長く、入り組んだ承認のプロセスを通過しなければいけない」

デメトリウスの解説によれば、ホストの細胞から培養した身体の一部や臓器を再移植することで、私たちは移植拒絶という難題を乗り越えられるかもしれない。いまではラットの体内に血管をそなえた組織をつくることができ、そこに細胞外リグニンと幹細胞（再生し、異なる種類の分化した細胞を発生させることができる）を植えることで、そこで形成される肉芽組織からさまざまな種類の組織をつくり出せる可能性がある。幹細胞が脂肪や、軟骨や、骨になれる。これが再生医療のはじまりだ。

「いまの私たちにできることもあるが、単純な組織や構造に限られます」デメトリウスは言う。「腕一本まるごととなるとどうか？　私たちの生きているうちに可能か？　なんとも言えません」

乗り越えなくてはならないハードルはその複雑さだ。あらたな身体の部位や臓器が成長できるような足場を作らなければならず——それには3Dプリントのようなテクノロジーが役立つだろう——そしてその足場を囲む細胞外環境の適切な場所で、正しい化学的・遺伝的シグナルが発されるようにする方法を確立しなければならない。そうしてこそ、幹細胞が出現したときに、それが最適なタイミングと場所でどのような種類の組織を生み出すべきかの指示がなされるのだ。

デメトリウスが一例を挙げる。「もし肝臓がたんに巨大でぶよぶよしたひとつの肝臓細胞だったら、再生するのはたやすい――とっくにやっているでしょう。でもそれはとんでもなく複雑な構造体なのです。アルコールでダメージを受けた肝臓は再生しようとしますが、できません。きわめて特異な構造と精巧な体系が変調をきたし、臓器は徐々に力を失っていきます。身体にとってこのような再生はきわめて過酷なのです。できるのは肝臓を人工的に成長させることだけですが、それも足場をじゅうぶん正確で複雑なものにできて、的確な情報をすべての正しいポイントに植え、幹細胞がなにをすべきかを伝えられるのが条件です。しかも当然、成長するあいだ、そのすべてを生かしつづけなくてはいけない」

私たちは出口に向かって歩き出す。

「あなたが考えているようなスケールでの再生医療が可能かもしれない、と言うのがとんでもないことだとは思いません、ハリー――移植と人工装具の時代が終わり、身体のパーツを再生するようになる日が来るかもしれない、でもそれは長い道のりです」

帰路で私は列車の暑い、日の当たる側にいて、いくつかの論文は折りたたみトレーの上で読まれずに置かれている。ジョンとデメトリウスに会って、鼓舞された気持ちだった。ふたりとも、自分の仕事に元気をもらっているように見えた。彼らにとって意味と目的のある仕事なのだ。抗生物質が必要ない世界について尋ねたときさえ、彼らは前向きだった。ジョンは、ほとんどの整形外科手術は抗生物質なしには不可能だと認めていた。「それなしにはオッセオもできなかったのはたしかでしょう」と言った。「しかし、いずれなにかが発見されます。そのときには、外科治療に決定的な革命が起こるでしょうね」

ソケットの硬く滑らかな表面を撫でる。一日旅したあとで暑くて不快だが、座席に押しこまれているあいだは外すことはできない。できたとしてもやらないだろう――ライナーの臭いは隣に座っている女性にも不愉快だと思う。家に着くまでは、この苦しさとともに過ごすのだ。自分もいつかオッセオインテグレーションをするだろうかと考える。いまでもそれは最後の手段だ、とジョンは言っていた。「皮膚とインプラントが触れる接合部《アバットメント》を閉じて深刻な感染症を止めることができたら、もっと広く提案されるようになるでしょうが、われわれはまだそこに達していません」

日光が車窓の引っ掻き傷に筋をつける。私はダイダロスがオッセオインテグレーションでイカロスに翼をつけるところを思い描く。ジャックは太陽の近くを飛んでいる、だが少なくとも飛ぶチャンスを得ているのだ。

自由は高くつく

〈カールスルーエ・トレード・フェア・センター〉は一万二千五百平方メートルの飛行機格納庫を思わせる四つの建造物からなり、それらが会議室とアトリウムとイベントホールのガラス張りで無菌的なファサードでつながっていて、このロケーション——西ヨーロッパのど真ん中、フランスとドイツの国境からそう遠くない——を活用する三百のさまざまな例年の催し、会議、コンサート、技術ショー、セミナー、シンポジウムに備えている。私はこの複合施設の脊椎部である、開店前のコーヒーショップとベージュ・フードの小売店に狭まれた中央コンコースに立ち、出展者リストを見ている。ここに来た目的は隔年開催の〈リハブ・ヨーロッパ・トレード・フェア〉だ——小さい見出しにはこうある。**リハビリテーション－セラピー－ケア－インクルージョン**。スローガンはこう。**生活の質（QOL）向上のためのトレード・フェア**。ウェブサイトによれば、二十一ヶ国から四百六十企業が出品者として集まっており、私はおよそ一万八千五百名の来訪者のうちのひとりであり、われわれのうち三十五パーセントは障害者か介護者で、残りは専門家——医療技術産業で働いている者たちということだろう――だという。入り口で手渡されたマップはドイツ語で、枠に囲われたロゴがぎっしりつまっている。テーマ別にレイアウトされていたが、どのテーマも自分にとっては格別意味があると思えず、とにかく〈ホール1〉に向かう。

大きく弧を描く屋根と、光るロゴと記号が並んでぶら下がった看板の下で、出品者たちのブースが碁盤状の小都市をなしている。最初の通りを進みながら、ざっと見て回って現在地を確認しようとする。ブースはそれぞれ、上部にロゴとキャッチコピーを記した仮設の壁で分割されている。さまざまなサイズがある。大企業が用意したいくつかのブースは堂々たるもので、短い階段で上がるようなステージと展示ケースをそなえ、そのなかにはLEDが点灯するマットグレー色のデバイスがある――まるで繁華街の店舗と整備工をまるごとフェアに運びこんできたかのようだ。そのほかはホールの隅に隠れた、小規模な市場ふうのブース。

キャスター付きのスーツケースを転がしながら歩く（飛行機で着いたばかりだ）。ホールはほとんど無人、フェアは開場したばかりでいくつかのブースはまだ設営中だ――オレンジのTシャツを着た女性が脚立に立ち、オレンジのロゴの入った風船の束を、やはりロゴが敷き詰められた背景幕の上に結びつけている。私はいくつもの大規模なブース――さまざまな高級顧客向けの車椅子会社、私も知る義肢装具製造の大企業、移動式もしくは天井取り付け式の患者用昇降機を扱う会社、その隣には巨大な蒸気かまどを思わせる介護ホーム向けのリハビリ補助器具の殺菌機を売る企業など――を通り過ぎて、より小規模なブースがあるエリアに向かう。どうやらほぼすべてのブースに共通するのは流線型のコーヒーメーカーで、脇に紙コップが積まれている。私は眺めようと立ち止まるたびにすでに二杯、勧められていた。コーヒーメーカーにはふたつの目的があるように思われる。潜在的な顧客を誘いこむことと、出店者たち自身がこれからの数日を切り抜けられるようにすることと。

自分がどのテーマの場所にいるのかわかっていなかったが、ここは比較的安価な区画だという気がする。ブースは小さく、ブランドとしてもまだ駆け出しだ。そこまでビジネスライクではなく、むしろ陽気で、オーナーたちの英語はエントランス付近のセールスマンほど流暢ではない。ここにはハーブやホメオパシーによる治療薬がある。電子レンジに入れて使うらしい布製のネックウォーマー、装飾された一点もののステッキ、そしてアクセシブルな遊覧船で過ごす休日。私は立ち止まり、車椅子に座った小さな人形が置かれた船の模型を眺める――またコーヒーを差し出され、リーフレットを押し付けられる。さらに進むと、そこにはさまざまな子供用の人形を売るブースがある。ファジーな色彩の壁に貼られたポスターには、リハビリや特別支援が必要な子たちについてのことが印刷されている。ゴム製の防水靴のようなものが売られているところもある。多くの出店者が、独立した発明家か、いくらか余分な時間がある定年退職者という印象だ。彼らは自分たちのすぐれたアイデアを市場に持ちこむことで、在庫がいくらか売れたり、ことによると関心を持った大企業の者に目をつけられたりするのを――そして買収されるのを――期待している。

障害と発明はいつも手を取り合って進んできた。人工装具産業の様相を変えた人物の一例に、アメリカ市民戦争の初期に砲弾で足を失ったジェームズ・E・ハンガーがいる。彼は標準装備の木製義足をつけて故郷に帰ったがそれが気に入らず、もっといい方法があるに違いないと確信していた（彼には工学技術者としての経験があった）。それからの十年間を義足の改良に費やし、膝とくるぶしの関節を備え、騒音をたてるのを防ぐゴムの緩衝材が付いた義足を製作した。戦争終結までにおよそ四万五千人の切断者が生じ、ハンガーは自作の義足を製造する工場を作った。現在〈Hanger, Inc.〉は義肢装具・矯正器具の多国籍企業であり、四千九百人の従業員と合衆国におけるシェアの二十パーセントを抱え、企業価値はおよそ四十二億ドルである。

身体の損傷はきわめて実際的な問題を作り出すが、そうした問題とともに暮らす者は、それを乗り越えるためにたくさんの時間を使いがちだ。だれもがよりよい生活というものを夢想する——それは多くの人々にとっては願望混じりの白昼夢か宝くじ当選並みの「**もしかしたら**」だが、障害があるとき、生活の質を高める方策はきわめて具体的なものになる。そしてこの市場において、不足しているものはいつもはっきり見えていると感じられる。成功をおさめる発明はいつも、技術的な知識と決意と、ガレージのなかでせっせと制作していた特定の個人にたいするよりもはるかに広範な人々に便益をもたらすようなアイデアの結晶だ。そんな例は枚挙にいとまがない。

私の家のクローゼットにはバートレット式膝継手《テンドン・ニー》がある。交通事故で脚を失ったとき、ブライアン・バートレットはアメリカ合衆国のスキーチームのメンバーだった。よくある話だ——彼は二度とスキーができないと告げられた。だから彼は、エクストリームスポーツの際に強い衝撃を受けてもユーザーの体重を支えられるような膝継手を発明した。独創的なアイデアだった。外付けのゴム製の腱で膝関節のローラーベアリングを覆って靱帯と筋肉を模倣し、切断者がスキーやマウンテンバイクをできるようにした。バートレットは義肢装具会社と協働して自分のアイデアを市場に持ちこんだ。

一九八一年にダン・エヴェラードが作ったのは黄禍《イエロー・ペリル》という小型の電動車椅子（いうなれば黄色いフォークリフトのミニチュアで、前部に大きな車輪が、後ろにキャスターがついていて、座席を上昇させたり地面まで下げたりできる）で、筋ジストロフィーを患っていた娘のルースのために制作された。彼女がその車椅子を使いはじめたのはほんの二歳になる直前からだ。それが彼女に与えたのは、動くということを通じてのみ子供が得られる非言語的な、発達上重要な経験――ラジエーターに触れてその熱さを知ることなど――のほとんどすべてに必要な自立性だった。それはやがて非営利組織〈Dragonmobility Ltd.〉の設立につながり、いまでは全年齢を対象にしたエレベーティング機能付き車椅子を制作している。

そういう発明者たちの何人かに知り合いがいる。軍にいたときはエンジニアで、私と近い時期にアフガニスタンで両脚を失った友人は、いまでは博士号を取得してインペリアル・カレッジ・ロンドンで働きながら、（さまざまあるなかでも）ユーザーの断端が過度に熱や圧力を受けているのを知らせるハイテクなソケットや、低・中所得国のための量産型義足《レッグ・イン・ア・ボックス》や、また負傷後の切断者にインプラントすることのできる内臓《インターナル》膝継手をデザインしている。

私の最初の義足を調整してくれたのも、バイク事故で足を失ったのをきっかけに義肢装具士として再訓練を受けた人だった。彼らは、自分の置かれた状況をもう少しだけ思いどおりにしようとした人たち、日々の暮らしのなかで障害が生み出す問題を解決しようとしていた人たちだった。

大きな円形の土台の上にたくさんの電動カートが展示されているエリアを見て回る。そのさらに奥には、あらゆる種類の福祉改造車と介護式車両がある。すぐれた運転支援機能とカンチレバーの車椅子リフト付きの車両、電動タラップ付きのヴァン、さらには小さなオープンカーを車台に収納できるモーターホームも。次のエリアのブースのテーマは、どれもバーチャル・リアリティ（VR）周辺のものだ。あるブースにはふたりいて、椅子に座ってヘッドセットをつけ、ゲームコントローラー式の装置を手に、彼らが見ている世界のなにかを操作しようとしている。ひとりが苛立ちの声を上げ、もういっぽうが微笑んでいる。対戦して遊んでいるようだ。行く手に短い列がある。傾斜したフレームに横たわってVR飛行ができるエクササイズ機器を試す順番を待っているのだ。私は最後尾につく――そのときは十代の子が機械にいて、VRゴーグルでむやみやたらに周囲を覗きこんでいる。半ズボンがずっとずり落ちそうで、気まずくなった母親が、げらげら笑っている彼の兄弟に、引き上げてやって、と言っている。

バーチャル・リアリティはいまや医療のあらゆる場所で使われている。多感覚併用の三次元の擬似環境は、若い医者とヘルスケアの専門職がヘルスケア・システムの重荷にならずに訓練を積める場所になっている。かつての研修中の医師は、先輩の医師たちの監督のもとで時間をかけて実地経験を積まなければならなかった。だがVR環境があれば、彼らのパフォーマンスは記録されるし、データの収集と比較も可能だ。ロボット工学機器のようなあたらしい方法と道具も、そこでの訓練によって改良される。なにより重要なのが、研修生がそれをほんとうにする前にやってみるのを通じて学べるということだ。デメリットもある。VRはなにより高額なものだし、生身の人間同士のつながりを減らすし、また結果を伴わないために、医学生たちがバーチャルで学んだ傲慢で無神経なアプローチを現実世界に持ちこむ危険もある。だがこれは、結腸鏡検査とか内視鏡検査のように何度も繰り返される検査手続きをするにも、解剖術を学ぶにも、救急救命士が現実世界の緊急状態を疑似体験するにも、一般医がバーチャルな診療をするにも、強力なツールだ。

VRのリハビリテーションへの貢献は明らかだ。回復するためにはたいてい明確な目標があり、人々は長く緩慢で繰り返しの多い動きを続けるためにモチベーションを刺激されなくてはならない。エクササイズのプログラムをやり通すことは困難で、療法士の注意深い目を離れたときはなおさらである（私は自分の進捗について、担当の理学療法士にしょっちゅう嘘をついていた）。患者が身体を動かすのを促すVRゲームの没入感はどんどん増している。ジョイスティックや棒をひねったり動かしたり、モーションキャプチャープログラムの前で全身を運動させたりしながら、しだいに難しくなっていくタスクをクリアすることを求めるVRゲームは、患者の動く力を強くし、活動範囲を拡張し、身体機能を向上させ、関心を持続させる。

列の先頭に着き、営業マン（ぴっちりしたロゴつきTシャツをチノパンにたくしこんでいる）から手短な説明を受けて鞍状の装置に乗りこむ。フィギュアスケートのスプレッドイーグルのように手足を大きく広げて伏せ、脚を後ろにある鐙《あぶみ》に差しこみ、前方にあるふたつのハンドルを握る――空飛ぶ巨大な鳥の首につかまっているときの姿とでも言えるだろうか。すべてが実に不安定で、滑動するさまざまな無数のローラーの上で回転し、揺れている。ゆらゆらしながらバランスを取り、V

Rヘッドセットを目の上に装着する。すると私は夏のアルプス山脈の上空にいて、松林と湖を眼下に、輝く緑の輪に向かって飛ぶ——頭上にスコアが浮いている。気づくとその輪が素早く迫ってきて私は得点しそこね、進路を過剰修正すると全体が揺れてゴトゴト音を立て、さらに上空へと大きく方向転換する。また中心を見出すと体幹がうまく連動するが、身体が痛み出すのを感じる。ひとつの輪を抜け、岩だらけの尾根の上にたどり着くと、目の前の渓谷に並んだ輪をめがけて飛びこむ。スコアが上がる。いまや身体の中心がほんとうに燃えるように痛む。セールスマンのひとりが手を貸して機械を安定させようとしているのも感じる。渓谷を飛び、できるだけたくさんの輪をくぐり、降りてから彼に礼を言う。私は以前、初期型のVRリハビリ・プログラムを使っていたことがあった——グラフィックは平板だし、タスクはシンプルで、色のついたブロックを積んだり、ジョイスティックを絞ったり捻ったりして車を方向転換させるようなものだった。だがこれはちがった。腹筋が痛むだけでなく（あと数日は続くだろう）、楽しかった。障害があるとき、現実逃避をするのは難しくなりがちだ。でも私はたしかに感じていた——あの一瞬、自分は〈ホール1〉から離れていた、と。

戸外に出て、数人が電動三輪自転車に試乗しているアスファルトの中庭を横切り、〈ホール2〉に入る。だいたい似たようなものだ——想像の範囲内の障害補助機器たち。車椅子を電動化する付属装置を並べたブースを通りかかる。目玉製品は、車椅子の前部にボルトで取り付ける大きなオフロードタイヤとハンドルだ。その後ろには、未来的な車椅子の試乗を待つ人々の列。そこで順番を待っているピンクの髪の女性が座っているのは、年季の入った角ばった電動車椅子で、ロックコンサートのステッカーでおおわれ、四角いバッテリーと吊り下がったむきだしのケーブルが付いている。彼女の友人が乗り換えを助けている。自前の古い車椅子は彼女のゴス・スタイルの延長で、彼女が出展品のまばゆいマシンに座ると、どこかちぐはぐに見える——二輪で、ジャイロスコープによって安定しているマシンだ。それがまっすぐに立っている様子にはなにか魔法を思わせるものがあり（セグウェイにも似ていたが、重心がはるかに高いのでもっと奇妙だ）、『スター・トレック』のワンシーンに滑りこませても違和感はないだろう。営業マン（今度はロゴ入りパーカー）が女性に操縦装置を示すと、彼女は制御スティックを握り、人々のなかに向かって椅子を動かす。椅子は実になめらかに、あたらしい電動車らしい音を立てて彼女の身体を前に傾ける。営業マンはその後を追って歩きながら片手を伸ばし、もし彼女がまずい方向に動かしたら座席のてっぺんを摑《つか》めるようにしている。

私はかたわらにアンケート用紙の置かれたコーヒーメーカーを囲む椅子に座って眺める。彼女が戻ってくると、ピンクの前髪が額でひらひら揺れている。心底晴れやかな顔をしている。営業マンがまたべつの特色を伝えると、椅子の車台からキャタピラーが降りてきて、デモンストレーション用の低い段差を後ろ向きに昇りだす——じゅうぶん安定して見えたが、女性は不安そうだ。たしかに危なっかしくも見えるが、営業マンはいかにしっかりしているかを示そうと機械をひと押ししてみせ、彼女が声をあげる。彼女が降りるとき、営業マンはまたべつの機能を紹介する。椅子が背側でふたつの補助車輪を展開させると、それは——キャタピラと一列に並んで——利用者を持ち上げる三角形を作り出し、彼女は上昇していって友人と同じ高さになり、ふたりは笑う。

十年間の身体障害の経験のなかで、真に生活を一変させたものはひと握りしかない。マイクロプロセッサーの膝継手。また運転を覚えなおしたこと。カヤック。そしてスウィフティ社の電動スクーター。こうしたものすべてが、私に自由を返してくれた。しかもこれらすべてが、NHSによって支払われるか、寄附金によって賄われたものだった。もう私が自転車に乗れることはないだろうが（バートレット式膝継手も多少は役立ったが、脚が二本ともない状態では実用的とはとても言えなかった）、スウィフティがあるということは私にも電動のパーソナルな移動手段があるということで、自転車に乗った娘にもついていけるし、通勤するときも車に頼らなくていい。風に髪をなびかせるタイプの自由なのだ。電動のパーソナルな移動手段は（障害者だけではなく、あらゆる人の）生活のなかに普及しているようだし、スクーターのレンタル会社は大都市の環境をすでに変えていて、それらを選択する通勤者も増えている。

女性が自分の車椅子に戻る。こちらのほうが彼女に似合っている。あたらしい車椅子のなめらかな灰色とLEDライトにあるなにかが、いささか過剰な感じを抱かせる。彼女は営業マンと話している。価格とスケジュールについて話し合っているのだろう。（私があとで調べると、およそ三万ユーロで——私の義肢装具の価格を考えれば高すぎるとは言えない——一年におよぶ予約待ちリストがある。）彼女の友人がクリップボードになにやら書きこんでいる。おそらく女性のメールアドレスだ。あの車椅子を都合するために彼女が支払わなければならない犠牲はなんだろう、と私は思う。そしてこうも思う、彼女は黒色を選び、LEDライトを消してステッカーで覆うだろう、そうしたらきっと彼女に似合うだろう、と。

翌日もフェアに戻る。昨日より騒がしい。金曜が営業マンたちの近況報告と業界間の交流だとしたら、今日（土曜）は一般の人々のための催しである。飲食店はどこも開店していて、人でいっぱいだ。入り口のところでやっていた車椅子ラグビーの試合を通り過ぎ、多様な移動デバイスや人工装具や矯正器具の助けで前進する、たくさんの非定型な身体に加わる。さまざまに深刻な障害のある子供を押している親たちもいて、だれもがブースのあいだを進みながら、子供たちの生活を少しでも楽にするかもしれない最新のガジェットを探している。人々がブランドのロゴが入った赤いバケツを持っているのに気づく。ブースでロゴ入り制服をまとった研究生たちから渡されたノベルティグッズを入れるのに使っているのだ——ペンやペンケース、リーフレットにパンフレット。キーホルダーは人気だ。戦利品を競い合っているふたりの少女が、マグカップと小さいぬいぐるみを手に入れているのを見かける。

ここで世界保健機構によるファクトをいくつか。世界では百人のうち十五人に障害があり、百人に二〜四人の障害は深刻である。脊髄損傷は毎年五十万人、そして車椅子の利用者は六千五百万人（千〜二千万人は車椅子を必要としていながら利用する余裕のない人たちだ）。今後三十年以内に八十歳を超える人の数は現在のほぼ四倍の三億九千五百万人に近づく。ヨーロッパでは現在、四千万人がなんらかの移動補助装置がなければ歩けない。大きな市場だ。

ヨーロッパの医療テクノロジー産業（デバイス、診断法、デジタル機器、人々の命を救い、生活を向上させるための解決策〉は千二百億ユーロの市場に相当する。一年に約一万四千件の特許が登録されるが、それはデジタル通信部門についで二番目に高い件数だ。雇用者数は七十三万人——なかでもドイツが多く二十二万七千人（一万人のうちの二十八人）で、それが、ここカールスルーエが見本市のよき本拠地となっている理由だ（ただし人口比率が一番多いのはアイルランドで、一万人あたり八十三人）。この産業は重要な経済的・社会的インパクトを持っており、したがって競争市場でもある。

〈リハブ・フェア〉はある種の市場環境と違ってけばけばしくも攻撃的でもないが、それでもわれわれの願望をかき立てる。ポスターを見れば、移動補助装置を備えた美しい人々が美しい風景のなかにいて、その下のスローガンにはこうある——**果てしない自由のとき、制限のない人生、歩くだけではない——歩く以上の経験を。**資本主義の市場原理がここにも働いていて、その原理がわれわれを狙っている——われわれ、どの最新製品が自分を生きやすくするのかを見定めようとやってくる、足を引きずった、車椅子に乗った、盲目の、ろう者の顧客たちを。想像にたがわず、機器のいくつかはめまいがするほど高額だ——聡明な科学者たちとブランド戦略のすべてに、だれかが支払いをしなければならない。

そしてここには当然、不平等もある。ブースの迷路を歩き回っている人のうちのいくらかは、いずれ数百万ユーロの保険金をもらうことになっているのだろう——バイクから投げ出されたオートバイ乗りや、労働災害に遭った労働者や、不注意な病院で酸素欠乏になった子供。多くの人は法廷で争うことになり、支払いまで何年も待たねばならないが、一生の時間に充てたら数百万ユーロもたいした額ではない。あらたなアシスティブ・テクノロジーの恩恵が出費に値するかどうかや、次世代のデバイスを待つかすでにあるもので間に合わせるかを慎重に品定めしなくてもいい人間は、このフェアのなかにほんのひと握りしかいない。それに、スローガンの裏に隠れたいくつもの不明点がある。約束されている機能をまったく果たさなかったらどうしよう？　すぐに交換しなければいけなかったらどうしよう？　保証期間はどのくらいだろう？　自分の独特な障害がまったく考慮されていなかったらどうしよう？　しかし、歩けるようになったり、家の階段を上がれるようになったり、新聞を読んだり、車を運転できるようになるのに、あなたはいくら払えるだろう？　想像してみてほしい、これまで浜辺にも行けず、森のなかも歩けなかったが、あたらしい車椅子がそのチャンスを提供できるかもしれないとしたら。

ここに来ることを夢見ながらも姿を見せない人々がいると私は確信している。彼らは隙間から滑り落ちて、じゅうぶんな援助を得られない人たちだ。障害が先天的であるために、あるいは誤解されているために、あるいはきっかけとなった事故に責任を負う人間がいないために、もがきつづける状況に取り残されている。そのほかの構造的な不平等もある――貧困、世代、人種、女性であること、無職であること、学校で素行が悪いこと――このどれもが、障害の得やすさにつながっている。そしてまた、自尊心が高かったり、ほかに事情があったりして、慈善団体やサポートグループに助けを求められない人たちもいる。彼らにはここにある道具の一部は到底賄えない。

この巨大なフェアは店のショーウィンドウだ。それは、障害者になることには隠された税が課せられているという事実のあらわれでもある。ハイブリッド・ヒューマンであるには、高価な道具を持つことを避けられない——普通の生活を送るという特権への代価がある。

行く手にオットーボック社のブースがある。大規模なもののひとつで、高級スポーツショップの趣がある。私のバイオニック膝継手をはじめとするたくさんの医用技術デバイスとサービスを提供している企業であり、時価総額は三十五億ドル——人工装具会社におけるアップルもしくはマイクロソフトだ。ほらそこに、台座に載って下から照らされたメイン製品のひとつが、背後にポスターをしたがえている——**あなたがなりたいすべてを取り戻す**。夢を売らんとするコピーだ——だが私は知っている、たとえそこにあるのがもっともすぐれた膝継手だとしても、私がなりたいすべてを取り戻すというのは果たされない約束であり、そのコピーは大いなるブランド戦略のちょっとした空虚さで潤色されていることを。だが**現在のテクノロジーの制約内において、ある実際の小売価格の範囲内で、あなたがなりたいすべてを取り戻す**というのでは、マーケティング会議で受け入れられまい。

だがなお、あらゆる不平等と混乱にもかかわらず、私はここで行われている商取引の背後には善意と利他主義があると感じている。出店している実に多くの企業が非営利であり、このように商取引が見栄えよく派手に展開している大規模なブースにさえ、たんなる実際的なビジネス以上のものがある。これまで出会った実に多くの科学者たちが、自分たちのやっていることの個人的な動機——障害のある親族や幼少期の友達のこと——を語り、それは営業マンや会社経営者でも同じだ。基本的には、人々の生活をよりよくしようとする営みなのだ。ひとつの産業が可能なかぎり高潔であろうとする営み、とも言えるかもしれない。

ステージの向こうで、ふたりのモデルがおしゃべりしている。自分のと同じ膝継手が展示されているのを眺めている私を見留めると、彼らは手を振って親指を立ててみせる。ふたりとも背が高く、美しい。彼女の義足は驚くほど目を惹くもので、ハイヒールのアンクルブーツと黒いレザーのミニスカートのあいだにある。男性のほうは髭をととのえて頭を剃り上げ、ショートパンツを履いた筋骨逞しいヒップスターで、タトゥーの入った脚と同様、義足にもたしかな色気がある。私は笑って手を振り返す。

いずれはだれもが、身体障害と障害支援技術の全国的フェアに行きたくなるだろう、と言いたいのではない——ジュネーヴ国際モーターショーではないのだから。だがここに展示されているいくつかのすぐれた道具は、われわれのだれもが一生のうちでスーパーカーより頻繁に使うことになる道具なのだ（ある統計によると、われわれは一生の二十パーセントほどの時間を障害とともに過ごす傾向にある）。いま私の目の前にある隣のブースの外骨格スーツが次の百年における電動カートだと考えるのも、たいした飛躍ではない。そしてもし、ここで提供されているテクノロジーについてもっと多くの人々が知るようになれば、身体が衰えはじめて補助が必要になったとき、それをもっとうまく利用できるかもしれない。

私がカールスルーエにやってきた主な理由は〈ホール2〉の片隅にあるサッカーフィールド大の場所にある。近づいてゆくと、風船とブースのロゴの向こうに吊るされた巨大な液晶スクリーンが見え、そこで洒落たモンタージュが流れている。やがてハンス・ジマー風の、ループして掻き立てるような音楽が人混みのざわめき越しに聞こえだす。サイバスロンは、F1とパラリンピックと手のこんだいくつかのパーティーゲームのマッシュアップのようなものだ。スイスで感覚運動システムを研究するロバート・ライナー教授によって設立された催しで、障害者と一般市民と支援技術開発者のあいだの障壁を壊し、障害のある人々がよりよく共存する社会を目指している。基本的にはスポーツの一日——ハイブリッドのためのオリンピック——で、医療機器会社と大学の生体工学部門が集まり、互いの最新のアイデアと装置をテストすることができる。試合は楽しく、スペクタクルを生み出すけれども、その目的のほとんどはコラボレーションと発表と調査と、そしてなによりも、障害者が自分たちの使うアシスティブ・テクノロジーの開発者たちと適切に対話をする場を確保することだ。

第一回のサイバスロンは二〇一六年、スイスの障害者スポーツアリーナで開催された。二十五ヶ国から来た六十六チームが六つの異なる分野——外骨格スーツレース、義手レース、義足レース、ブレイン・コンピューター・インターフェース・レース、電動車椅子レース、機能的電気刺激自転車レース——に参加するのを、満員の観客が観戦した。ここカールスルーエでは、サイバスロン本戦の間隙期なので（オリンピック同様、四年に一度のイベントなのだ）、義手と義足のレースだけが行われる。巡業する予選シリーズのようなもので、本戦を宣伝し、チーム同士の科学的な交流を促すために催されている——今回はリハビリの見本市が会場として使われているのだ。

いままさに義足のレースがスタートしようとしていて、ふたりのパイロット（障害のある競争者をこう呼ぶ）がトラックのスタート地点でインタビューを受けている。プレゼンターが彼らにマイクを掲げて質問し、その様子がわれわれの頭上にある巨大な液晶スクリーンに映し出される。なにが起こっているのか気になってブースから流れてきたわずかな観客が、プラスチックのカップでビールをすすり、大きなプレッツェルを食べている。プレゼンターとカメラマンがその場を離れると、グラフィックがスクリーンじゅうに音を立ててあらわれ、パーカッシヴな心臓の効果音でパイロットたちにカウントダウンをする、**スリー、ツー、ワン、ゴー**。彼らは行く手に障害物が並ぶ二本の平行するトラックを競走する。見るからにエネルギッシュな感じではない。勢いがつく前に、彼らはプレートと刃物を持ったまま座り、また立ち上がらなければならない。それからプレートにふたつのリンゴを載せてバランスを取りながら、連続するハードルを乗り越える——手前のパイロットが落としたリンゴがひとつ転がっていき、そうなると彼は戻ってもういちど障害物に挑まなくてはならない。次に木箱とボールを持ち、いくつかの段差を越える。そのあと反り立ったスロープを、もっと多くのリンゴを運んで渡る。ひとつの障害物をクリアするたびに緑の旗が、あらゆるスポーツにつきものの極端にきびきびした動きで掲げられる。赤い旗が上がるときは、パイロットが違反をしたり、義足を使わなければならないのにいいほうの脚に頼ったりしたときだ。パイロットのひとりは私と同じ義足を使っていて、もうひとりはオズール社のモーター駆動の膝継手。義足レースにおけるレアル・マドリード対バルセロナだ。

私は青いロゴの掲示板——**「サイバスロン——人々とテクノロジーを動かす」**——に寄りかかる。それは五十メートルほどあるコースにそって伸びていて、私はそこから彼らが通過するのを見る。一見すると（多くの健常者の観客の視点で見てみると）それは卵のスプーン載せレースの豪華版のようで、すぐれたスポーツエンターテインメントを見るときに慣れ親しんでいるようなアスリート的スピードも、優美さも、迫真の競争も欠けているように感じられる。だが義足を使っている者のひとりとして、私にはそれらのタスクがいかに困難なものかがわかる。プレートに載せたリンゴのバランスをとりながら義足でハードルを踏み越えること。反り返ったスロープに沿って歩くこと。手で押し上げずに椅子から立ち上がること――どれも持っているものを落とさずに素早くやるのはきわめて難しい。私には意志と人力のスキルが見える。

だがもしこうしたことがわからなければ、あるいはじっくりよく見なければ、なにもかもがいささかじれったく感じられ、いつどきどきするようなことが起こるのだろう、と思いながらビールをすすってプレッツェルをかじることになるだろう。まさにいま、パイロットの大腿部が卓越した微細な動作で問題解決のプロセスに乗り出し、義足でハードルを越えながらもういっぽうの脚の上でプラスチックのリンゴをふたつ載せたプレートのバランスを保ちつづけていることに、だれも喝采を送らない。だが私にはそのすごさがわかり、もし自分がやったら転んでリンゴを床に落とすだろうと確信する。これはオーバーヘッドキックや、バックハンドで打つトップスピンロブや、アメフトの最後の攻撃《フォースダウン》におけるノールックパスに比するような、熟練の動きなのだ。

以前にロバート・ライナーの講演を聴講したことがある。サイバスロンを開催するのにはきわめてマーケティング的な理由が多くあるが、またべつの、より見えにくい野心がある、と彼は言った。税金と研究助成金がなにに使われているのかを見せること。医療機器会社の製品を市場に出す手助けをすること。そして、彼にとってもっとも重要な理由は、人々に現実を見せることだった――サイエンス・フィクションの夢想からほど遠くにいる私たちを。人々のイメージは大衆文化によって歪められている。映画でアイアンマンやターミネーターやルーク・スカイウォーカーを見ると、人は人工装具が人間の生態をしのぐのだと考えはじめる。私はよく道端で呼び止められ、義足をつけているなら、いまどのくらい高く跳べるのか、それまでよりも早く走れるのか、と尋ねられる――私はこれをつけている状態で跳んだり走ったりはできないのだと告げなくてはならず、彼らは混乱してがっかりし、私は相手を落ちこませたと感じる。ふたりのパイロットが苦心してコースを進む姿を見るのは、経験のない者の目にはしらける光景だ――そこにあるのは現時点でもっともすぐれたマイクロプロセッサー膝継手だが、それをもってしても平均的な人間の脚と同じパフォーマンスをするまでには長い道のりがあり、サイエンス・フィクションの夢想などはもってのほかだ。しかしよく注視して、現状に辿り着くだけでも必要だったいくつかの進歩を理解すれば、パイロットの行為を可能にしているテクノロジーがいかに驚くべきものかがわかる。それはすでに長い道のりを歩んできたのだ。

レースが終わると勝者が巨大なスクリーンでインタビューを受ける。私はフードスタンドのひとつに向かい、ビールを買ってスタート地点の近くに腰掛ける。コース上のタスクが変更されて義手のレースが準備され、中休みになる。私の隣でひとりの男性が百メートル走者のようにウォームアップをはじめ、肩を回して小さく垂直にアンクルホップをする。緊張しているようだ。

「健闘を」と私は言う。

彼はバートという、次の競技のパイロットだ。タッチ・バイオニクス社の〈i-limb〉をつけている。バートはオランダ人で、ガレージで練習してきたと教えてくれる。

「義手で電球を外したことがないんだ——生身の手のほうを使ってきたから——だから練習してきたよ、わかるだろう」

私は代表選手であるのはどんな気分か尋ねる。彼は二〇一六年の第一回サイバスロンで代表をつとめたときの素晴らしい気分について語る——人生が変わった、と。旅自体も楽しいものになりうるし、最新機器や向上したソフトウェアの機能を試すのが好きだ。自分が役に立っているという気持ちになれるし、開発プロセスの一部になっていると感じられるのもいいものだ。

「あなたにも勧めるよ」と彼は言う。

さらに少し話していると、やがてバートはスタートラインに呼ばれ、巨大スクリーンに拡大されながらインタビューを受ける。

義足のレースと同様、義手のレースもタスクの連続だ——そして義手のためのタスクははるかに複雑である。最初にさまざまな物が置かれたテーブルがある。パイロットはパン（発泡スチロール製）を切り、チョコレートを開封し、ボトル容器、ジャム瓶、缶詰を開け、箱からマッチを取り出し、蠟燭に火をつける。それから物干し綱に向かい、パーカーを着てファスナーを上げ、シャツのボタンをふたつとめる。バートはボタンをとめるのに苦労していたが、私は相手のパイロットが歯を使っているのに気づく。間違いなく違反だ。企業にとって、自社の製品をこんなふうに提示すること、公衆の面前での競争を通じて製品を試すことはリスクをともなう、とバートは言っていた。それぞれの限界をあらわにしてしまう。そんなふうに考えたことがなかった——よく想像してみれば、もし私があたらしい人工装具を求めてマーケットに来ていたら、ここでそれぞれがどう機能するのかを観察して比較するだろう。

バートは紐のタスクに取り掛かっている。二足の靴を結び合わせ、それを物干し綱にかけなければならない。生体工学が作った指が紐をつまむのを見るのは圧巻だ。次に彼はさまざまな物を穴に入れる。USBスティックに、鍵。彼はいま極度に集中してかがみこみ、クレジットカードの上で指を閉じようとしているが、カードはデスクのへりに滑っていく。クレジットカードをつまみ上げるのに苦労している人を見ることは、かすかな痛みのようなものをともなう――とりわけ、生身の手を使いさえすれば一動作でスロットに押しこめるのを知っていたら。バートはしだいに焦りを見せながら、カードの周りで指をゆっくり閉じる動きを発動させるセンサーに接した断端の筋肉を緊張させようとしているが、そうするうちにも秒数が経過する。見ていて思い出すのは、約五十パーセントの人がこうした筋電義手《バイオニック・ハンド》の利用を、それを制御するためのトレーニングと認知的努力の過酷さを理由に断念するということだ。

ハンマーと釘のタスクをこなし、それから電球をなんとかねじこみ、ほとんど魔法のように生身の人間を思わせる手つきで紙を切る――また調子が出てきたようだ。次に箱が六つある。そのなかに手を入れ、義手の「感覚」で（視覚情報なしに）なかの物を言い当て、対応する六つの品物――ボールや積み木、発泡スチロールの断片など――をそれぞれの箱の上に置かなくてはならない。私は相手のパイロットが箱の内側に物をぶつけて音のヒントを得ようとしているのに気づいた――またもや、どう見てもスポーツマン精神に反するふるまいだ。パイロットが正解を当てるたびに緑の旗が振られ、小さな歓声があがる。それからバズワイヤーゲーム〔金属製の輪をワイヤーのコースに接触させないようにしながらゴールを目指すゲーム〕のようなものがある。

バートが勝ったのかどうかわからない――緑と赤の両方の旗がコースの両側で掲げられていた。勝敗はさほど重要なことではないようだ。あとでインタビューを受けているとき、彼が泣いているのに驚かされる。喉がつかえて、問いかけにもなかなか答えられないでいる。カメラがズームインすると、その感情が〈ホール2〉の巨大なスクリーンにクローズアップされる。彼にとって大きな意味があったのは明らかだ。

その後、授賞式の場で、バートは生身の手と義手を宙に突き上げて勝利を示し、表彰台の三段目に跳び乗る。メダルにキスする――オリンピックで入賞したように。するとまだ眺めていた人々から小さな歓声があがる。

絶えゆく光への激しい怒り

　ドイツから戻って数週後、ジェイミーと公園を散歩するために待ち合わせをしている。道を渡ろうと待っている彼が遠くに見える。信号が二度切り替わり、車が止まって動き、また止まって動くが、まだ渡らない。そこへ行って助けたいと思う。すると角のパブからバーテンダーが駆け寄り、彼を案内する。

「あの横断歩道の音響式信号機が撤去されたんだ」ふたりで公園に入りながらジェイミーが言う。

「ほんとに困るよな」

　私たちは歩き出し、ジェイミーの白杖が道を滑る。アスファルトの真ん中のかすかな隆起を彼がどんなふうに感じているかを想像してみる。ジェイミーと知り合ったのは私が脚を失ってすぐだった。彼は近所に住んでいた。盲目であることで、人間的な親切にひそむ秘密を知るようになった、とよく語っていた。「人々はほんとに、とんでもなく親切だ。それがぼくに見えているものだよ――イギリスの寡黙で良識ある人たちが、必ず手を貸してくれる」

バーテンダーはジェイミーの横断を助けたが、三十人あまりの人々が彼のわきをまっすぐ通り過ぎたのも私は見ていた。ジェイミーはそのことでも活気づく。「ポリティカル・コレクトネスによるテロリズムだよ、ハリー。助けを必要としているか尋ねることでぼくの気分を害するんじゃないかと、だれもが心配しているんだ。たしかに階段を使ったり縁石をまたいだりするのに助けはいらない――予測できるし、白杖で見ることができるから――でももし金属のワイヤーでできた巨大なコンテナがいつものルートのど真ん中に置かれていたら、ぜったいに助けが必要だ。そういうことが実際にあったんだよ。血まみれになっちゃって、犬の散歩で通りがかった人が、救急車が来るまで待たないならリードで縛り上げてでも待たせるぞとぼくを脅すような騒ぎになった。人に間違った言葉遣いをされようと、助けが必要ないときに援助を申し出られようとかまわないんだ。彼らが親切でいようとしているだけなのはわかっている――そしてその気持ちには感謝している。障害のある人のなかには、大丈夫かと聞かれて『ああ、**あんたこそ**大丈夫？』って答える人がいるだろう、まるで侮辱されたみたいに。助けようとしてくれたことにただ感謝することはできないのかね？」

それを聞いて思い出すのは、自分がどちら側でもあったということだ。手助けの申し出に愛想よく「大丈夫です、ありがとう」と答えたこともあるが、とげとげしく「**いえ、**どうも」と答えがちでもあり、そこには無言の**お前はお前の心配をしとけ**、がこめられていた。

ジェイミーには色素性網膜炎という、目の裏にある網膜の細胞が損なわれて視野が徐々に狭窄していく先天性の疾患がある。十二歳のときに十九歳までに全盲になるだろうと告げられたが、実際にそうなったのは四十代になってからだった。「星を見たことがないんだ」いつだったか彼がそう言っていた。「子供のころは夜盲で、庭から家に戻るときも手探りして進まなきゃいけなかったよ、ほかの子たちがみんな走って戻るときにね」

それを聞いた私のなかで、彼への憐れみが押し寄せる。おそらく自分が、どの知覚にも増して視覚に重きを置いているからだろう。爆発で吹き飛ばされたときなによりも最初に確かめたのは視野だった。**よし、まだ見える。これがいちばん肝心だ。**だが数分後、多量の失血のためか転換性障害――かつては「ヒステリー性失明」と呼ばれた――のためか、すべてが真っ暗になり、見えなくなった。それによって数分間の恐怖と孤独が膨れ上がった、あのときの感情を私はジェイミーにいやおうなく重ねてしまった。だが彼はすぐにその憐れみから私を引っ張り出した。

「おいハリー、そんなんじゃないよ。幸福は運命を受け入れるかどうかにかかってるんだ。憐れむのは馬鹿馬鹿しいぞ。気配、温かさ、笑い声、親切さ――こういうことがぼくのほうにやってくるんだ。わかるだろ、同じことを言っていたのはきみじゃないか」

このこと――憐れみについて、前にジェイミーと話したことがあった。ときとして人々は障害を、それがある人にとってもっとも大きな部分だと考える。彼はそれに全人格を染め上げられ、つねに困難に直面しているのだろう、と。「結婚式で笑えるスピーチをしたり、紙に文字を書いたりすると驚かれるんだ」とジェイミーは言った。「そういうとき、障害はぼくにとってほとんどなんの意味も持っていないんだが」

ジェイミーはいつも陽気で謝意にあふれているように見えるし、障害があることの滑稽さについてとても面白く話すことができる。「だって障害は滑稽だ、そうじゃないか?」と彼は言った。「ホテルに泊まったとき、オレンジジュースにごてごて飾りをつけすぎだよ、とスタッフに悪態をついたら、ウェイターに耳打ちされるんだよ、『サー、それは薔薇の花瓶です』」

人々がジェイミーに声を掛ける。彼は毎日、どんな天気の日もここにいて、公園の雰囲気の一部になっている。立ち止まっておしゃべりし、両手を杖の上に置き、賢者のように地平線の向こうにじっと思いを巡らしている。杖の先の白いボールチップが舗装道路を転がって往復するのを見ながら歩いている私は、気づくと彼に、ドイツのリハブ・トレード・フェアで見たいくつかの機器について熱心に話している。眼鏡に搭載する代読機能がついた小型のカメラ機器があったんだ。ページを見たそばから言葉を読み上げてくれる。改良すれば顔を認識したり、店でバーコードを読み取って、手に取ったものがわかったりするかもしれない。ものの色や持っている紙幣の額がわかるようになったり、手首をひねって顔に近づけるだけで時間を知ることができたりするかもしれない。そして私はジェイミーに、アシスティブ・テクノロジーが生み出した白杖のことを話している。通り道にある、たとえば低い場所にある木の枝といった予期せぬ障害物を超音波の探知器が感知し、杖の持ち手を振動させて警告してくれるのだ。スマートフォンにリンクさせることもできて、方向を喋らせることで進路標識にもなる。

「じゃあ、ずっと忙しくしているんだね」歩きながら彼は微笑む。「うん、そういうものは知っているよ、ハリー。ニューズレターや論文が、協力的な友人や家族から転送されてくる。でもぼくはいまあるもので満足なんだ。それにあれは重たいし、プラグにつながなきゃならないし。この杖がじゅうぶんよく働いてくれてるんだよ」

ジェイミーにはいらなかったのだ。かたくなに、独善的に必要ないと言っているのではなく、たんにそれを必要だと感じていなかった。いま持っているもので満足なのだ。彼はまた、振動したり信号音を鳴らしたり——さらに悪いことには——話したりするような装置は、周囲の環境に適応した自分自身の感覚を妨げるだろう、とも言った。彼の持ち前の聴覚、生物としての感覚と杖の固有受容感覚は、いかなるテクノロジーよりもはるかに鋭敏だ。盲目であるという経験は彼にとっては**らわた**に根ざした、**根本的なもの**だ——自分がどのように世界を航行しているかを、彼はそんなふうに言い表していた。こうしたハイテク機器の実に多くは、航行の邪魔になるものなのだ。

彼は立ち止まってまた両手を杖の上に休める。「ぼくにはありのままの人生を抱きしめるほうがいいんだ、ハリー。障害は**身につける**のがいちばんだと思ってる。障害は戦わなければいけない敵ではなくて、人生にたいする態度のようなものだよ。それと戦いつづけていたら、結局は不幸せになる。現状をどうよくするかを探しつづけたくない。いまのありかたで幸せなんだ」

また一緒に歩きだし、ジェイミーが角を曲がってべつの道に入るとき、彼がどのように曲がるタイミングを承知しているのかはわからなかった。

「絶えゆく光に怒るぼくをきみが見ることはないだろうよ」*と彼は言う。「盲目であることがぼくの人生を豊かにしてきた。『もしかしたら治るかも』なんてかすかな希望にしがみついて、残された人生を無駄にしたくないいんだ——いつも幻滅で終わる」

*ディラン・トマスの詩「心地よい夜に身を委ねるな」のリフレイン。

私たちは公園をひと周りし終えた。ジェイミーは進みつづけようとするが、私の脚は疲れ切っている。「いまどこにいるかわかる、ジェイミー?」

「ああ、大丈夫だよ、ありがとう、ハリー。また会おうな」

初代iPhoneがスティーブ・ジョブズによって二〇〇七年のマックワールド展示会で披露されたとき、盲目者のコミュニティはパニックになった。世界に披露されたインターフェースの未来が、平板なスクリーンだったからだ。視覚がじゅうぶんに機能しない者は、身体的感触とボタンのフィードバックなしには**闇に取り残されて**しまう。だがアップルはデバイスのアクセシビリティを開拓していた。それらが可能なかぎり使いやすいものであることを望んでいたのだ——だれにとっても、利用者の障害がいかなるものであっても。アップルはすぐにスクリーン・リーダーのソフトウェア「VoiceOver」をリリースした。ユーザーが指を置いた箇所のアイコンやテキストを音声が説明してくれ、ズーム機能はスクリーンを二十倍まで拡大できる。テキストとカーソルのサイズ変更やスクリーンカラー反転の機能など、可読性に関する無数のオプションが用意され、難読症《ディスレクシア》から偏頭痛持ちまで、あらゆる種類の障害と疾患に役立つ。現在、直感的で、可能なかぎりあらゆる人が利用できるようにデザインされたアップル製品の特徴の多くは、障害者にとって非常に大きな価値を持っている——音声コマンドのデジタルアシスタント「Siri」は、アプリを開き、設定を変更し、メッセージを送り、電話をかけ、ネット検索をする。口述ソフトで話した言葉をテキストに変換する。そしてEメールやメッセージを、平たいタッチスクリーンのキーボードを叩くことなく送ることができる（視覚障害者にとってはもちろん、関節炎や運動障害がある者にも有益だ）。ろう者はテレビ通話で手話を使えるし、きわめて重い運動障害がある者には「スイッチ・コントロール」があり、それを使えばすべてをひとつのボタンやジョイスティックを押すだけで制御できる。インターフェースのあたらしい形を発展させ、プロダクトデザインの中心にアクセシビリティを置いたことは、全米盲人連盟の会長をして「アップル社はアクセシビリティに関して、これまでのいかなる企業より多くのことを成し遂げた」と言わしめた。

電子携帯機器の発達は、視覚障害者にとってこれまででもっとも重要なテクノロジーの進歩になりうる。一般のあいだで爆発的に広がったスマートフォンとタブレット式端末の利用は盲人のコミュニティにも反映された。スマートフォンは読書に、執筆に、オーディオブックを聴くときに、コミュニケーションに、道案内に、物体検出に使われる——視覚障害者がこれまで使ってきた十一やそこらの別々の、かさばることの多い、高価で独立した装置にこのデバイスが取って変わるのは驚くにあたらない。現在、伝統的な補助デバイスの約三十〜五十パーセントが視覚障害者から見限られたと考えられている。スマートフォンは基本的に安価だし、慣れるのも簡単で、なによりも補助デバイスとしてのスティグマを持たず、障害を持っていることを周囲に伝えてしまうこともない。

実に多くの技術が、ひとつの問題を解決するために作られている。たとえばランニングブレードは、切断者を競走用トラックに沿って前進させるのに見事な役割を果たす——場合によっては生身の機能と変わらない——が、そのほかのタスクとなるとほとんど役に立たない（ブレードをつけながらお茶を一杯淹れるのは、綱渡りをしながらそれをやるようなものだ）。スマートフォンは複数の補助的タスクを実現し、しかもポケットにおさまる。だから私たちのほとんどがそれにいやおうなく惹きつけられる。

ヘイデンはニューヨークシティのアパートに戻ると、iPhoneに入れたマイクロソフト社の「Seeing AI」で郵便物を確認する。文字にスマホのカメラを掲げると、アプリが即座に音声で読み上げる――手描き文字もだ。わずか数分でジャンクメールをふるいにかける。同じことをべつの方法でやろうとすれば、デスクトップの電源を入れ、スキャナーをセットし、書類をまっすぐに並べて、スキャンボタンを押して読み取りを待つことになるだろう。「Seeing AI」はそんなタスクの長さと複雑さを崩壊させた。このアプリはほかに、製品バーコードを読み、友人を認識し、周囲の状況を伝え、通貨を識別することができる。これはヘイデンが自分のiPhoneにダウンロードしているたくさんの、無料もしくは少額サブスクリプションのアプリのうちのひとつだ。

「街を歩き回るのにたくさんのアプリを使っています」彼はニューヨークから私に語りかける。「だれもが使っているような配車サービスアプリや、『Seeing Eye GPS』のような、私を導いてくれるばかりか、通りかかった目的地や店も教えてくれるナビゲーションアプリ。ホームセンターに連れていってくれと頼むこともできるんですよ――その店に一度も行ったことがなくても。以前はだれかに案内してもらわなければいけなかった。Googleマップはこれまで以上に使うようになりました。目の見えない人間に必要なほどの詳しさで行きかたを示してはくれないけれど、あらゆる役立つ情報をくれる。レストランに行きたいと思えば事前に調べておいて、現地に着く前にメニュ

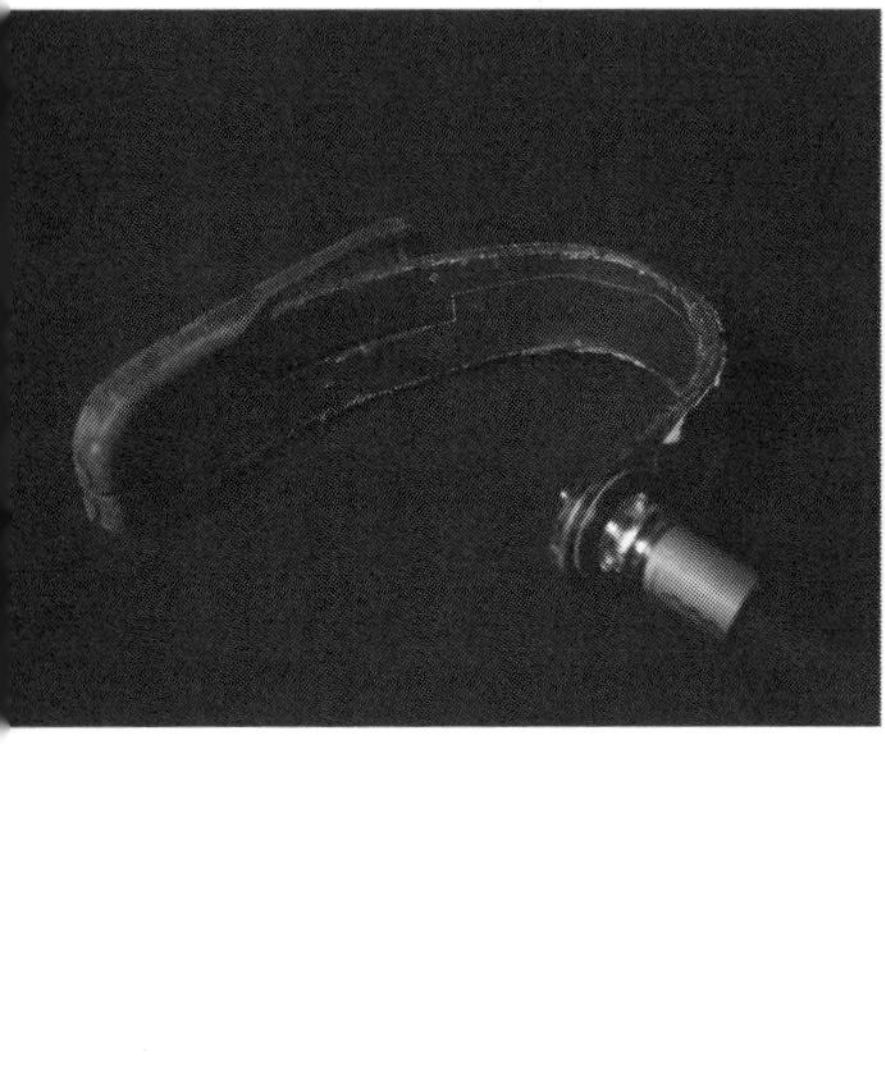
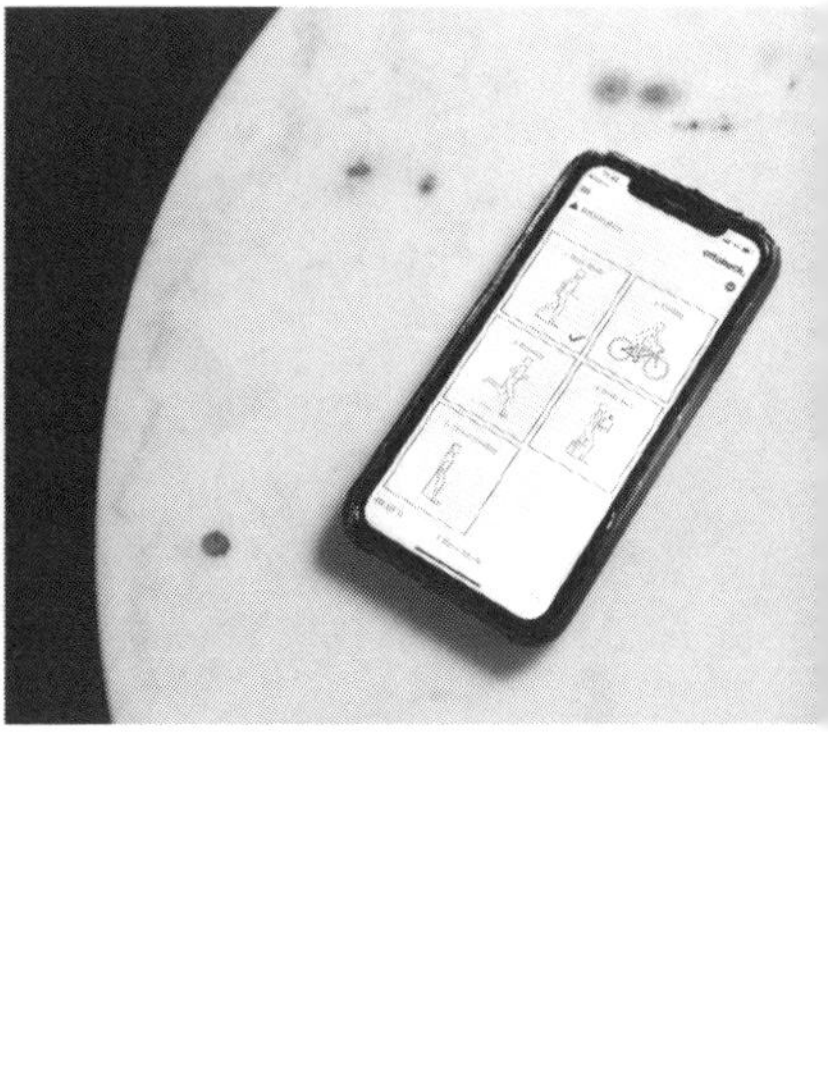

ーを取り出して、どの料理を注文したいかを決められる――友達にメニューをぜんぶ読み上げてもらわなくてもいいんです。次のバスや列車の時間も教えてくれる。ありとあらゆる可能性がここにはあります」

ヘイデンが全盲になったのは大学生になる直前だった。環境工学を専攻することになっていたので、それに即座に、かつクリエイティブに順応しなくてはならなかった。その課程は視覚的な方程式と図表に強く依存していた。彼は教授とクラスメートの協力を得て、介助の手を借りて組み上げられる立体モデルを3Dプリンターで制作した。ホワイトボードに掲げられたり試験答案に記されたりする電気回路や流体力学システムの図表がそこに表されるのだ。彼はそれらのモデルに印刷された異なる要素に触れ、動かし、ほかの人たちが教室で見ているものの触知可能なバージョンを分析することで情報を交換することができた。以来、3Dプリンターで制作した図表で実験を重ね、データセットは音声に変換している。「大きなスプレッドシートに表れた傾向は解釈できなかったので、三次元にプリントされた図表を触ったり、図表の放物線を記号化した音色の変化を聴いたりすることは、自分が加えた異なる変数がデータに与える影響を理解するのにとても助けになりました」

「ファゾムはほとんど人工装具ですよ、ハリー」彼は自分の盲導犬についてそう言い、笑う。「私は部分的に犬、部分的に人間です――**ドッグボーグ！**」私たちはテクノロジーへの依存について、また彼が補助装置のどれかを失うことの意味について話している。「スマートフォンをなくしたら大変でしょうね。考えうるかぎりほとんど最悪の事態でしょう。なんとか切り抜けるとは思う、でもし街中でスリに遭ったり線路に落としたりしたら、厳しい状況になったな、と思うでしょう。でもいなくなったのがファゾムだったら、もっと感情的になりますね。私の記憶の一部が彼のなかに埋めこまれているんです。ファゾムは私の好きな入り口やベンチを知っているし、二年経って戻ってきたロンドンの道も覚えていたんですよ。もしべつの犬とペアを組んでいたら、これらの記憶はなかったわけです。私たちは記憶と経験を共有している。ベンチに通りかかったとき、ファゾムがぴょんぴょん跳びはねることがあります――そういうのを私のために見つけるのがほんとうに嬉しいんですね。だから休憩しなくていいときでも、ファゾムを喜ばせたくて座るんです。ファゾムはたしかに一定水準の自信を与えてくれます。社会的な、感情的な、身体的な自信です。スマートフォンには当然、そんなことはできない。ファゾムなしの人生は考えられません」

自分が大学を離れてからの五年間の進歩は「実にめざましい」とヘイデンは言う。いくつかの進歩はとても単純なものだ。たとえばiPhoneのメモリーが増加したことによって、彼は複数のアクセシビリティ・アプリとオーディオブックの図書館をまるごと、どこにでも持ち運ぶことができている。あたらしく作られたウェブサイトはアクセシブルであることを求められている――ヘイデンの最大のフラストレーションのひとつは、リンクとボタンが適切にラベルされていない（したがってボイスオーバーソフトが機能しない）ウェブサイトにアクセスすることで、そんなときは、やがては目指す場所に到達するだろうと祈りながらランダムにクリックするしかなかった。ヘイデンはまた「オーディオ・ディスクリプション（AD）」（映画やテレビ番組のなかの対話の最中の動作を説明する音声）にものすごく感謝しているという。それまでは重要な視覚的瞬間を友人に説明してもらうか、対話をひたすら聴いているしかなかったが、ADがあれば、キャラクターの表情にあらわれる言語化されない意味や、ストーリー上で多くの意味を担う完全に視覚的な動きや緊張感にもアクセスできる。いまではほとんどすべての話題作にADがあり、おかげでより文化的なつながりを感じられている。

「Siriは万人のために作られていますが、私が受けている恩恵は目の見える人にとって以上に大きいと思います」とヘイデンは言う。「いまでは、母やガールフレンドのスマホさえ手に取って使うことができる。これはもっとも重要なことだと感じます。すべてのシステムのなかにユニバーサル・デザインが構築されていることがね。建物の入り口にも、電子機器にもです。それが真のアクセシビリティだし、これまでも膨大な進歩があった。すごく楽観的です。盲目でいるのにこれほどいい時代はなかったと思う」

ヘイデンとジェイミーは異なる世代に属しており、技術を採用するときのアプローチもそれとともに異なっていることに気づく。だがヘイデンはジェイミーと同様、ハイテクが障害ある人たちの問題を解決することには懐疑的だ――とりわけそのテクノロジーが、障害者ではない人々によって作られたものである場合は。

「誇大宣伝が多いですよ」と彼は言う。「私の状態にはおそらく――生物学的見地にかぎってみても――短中期的な解決策がありません。いずれは可能になることもあるかもしれませんが。マウスで実験されてはいます。幹細胞が基盤に注入され、網膜の裏に埋めこまれているんです。どんなことになるかを注視していますよ。でも幹細胞をベースにした治療的介入は、もし実現するとしても、おそらく遠い道のりでしょうね。なのでそれにはあまり希望を抱いていません」

ヘイデンはたくさんのアプリをインストールしたスマートフォンと盲導犬を使っている。ジェイミーはそうしないことを選んでいる。ふたりの需要と適応へのバランスの取りかたは刺激的だった。ジェイミーに電話してヘイデンが使っているアプリのことを伝えたいという気持ちと、私はまだ戦っていた。明らかに公園でやったのと同じ間違いを犯していた――ジェイミーがそういうものを望み、必要としていると思いこんでいる。だがもしそれを使う機会があって、彼の生活が多少なりとも楽になったとしても、それは彼がなりたいジェイミーではない。

その年のもっと後、ひとりの友人がリンクを送ってくる。これまでもときどき受け取ってきたようなものだ。**これ見てみなよ、役に立つかもしれない。すごくないか？　見たときにきみのことが思い浮かんだ。**たいていはまるっきり不適当だったり実験段階だったり、あるいは実現するまでに十年はかかるのではと思わせる――たんなる大袈裟なニュースだ。（こういうとき想像してしまうのは、やはり実現が何年も先になるような、高度に実験的で奇跡的な遺伝学的治療法を見聞きした末期がん患者の気持ちだ。）今回はあたらしい義足ではなく「麻痺した人物が心を読む外骨格スーツで動く」というＢＢＣの記事だ。友人はこう書いている――「きみの脚にも同じことができるようになるんだろうか？……元気で……」件名は「近いうちに会おう」。

そこにあるのは驚くべき物語だ。ナイトクラブで十五メートル下に落下し、そのために首から下がほとんど動かなくなったティボーというフランス人が、麻痺した四肢すべてを外骨格スーツのなかで動かしたという。使った技術はブレイン・コンピューター・インターフェース（ＢＣＩ）。二列に並んだ各六十四個の電極が、外科手術で運動皮質の両側にインプラントされる。利用者が歩いたり手を動かしたりするのを想像すると、インプラントが検出した脳の活動がコンピューターに取りこまれ、アルゴリズムを通じて解読され、ロボットの作動体を動かす。ティボーは六十五キログラムの外骨格スーツに身を包んでラボを歩くことができるが、それを制御しているのは彼の思考だけである。

記事には動画が埋めこまれている。白くずっしりとした外骨格スーツの作動装置とモーターが唸りを上げ、ゆっくりと、白いタイル張りのラボを前進する。途中で電極とプラスチック製の脳の模型の静止画像が挿入され、その模型にはティボーが頭蓋骨に開けることになったのと同じ五センチの穴が広がっている。映像の最後には彼の堂々とした姿があらわれるが、カメラがパンして周囲を映すと、天井につながったハーネスが安定性のためにスーツに取り付けられているのがわかる。記事にはこうある。「彼の動き、特に歩行は完璧からはほど遠く、ロボスーツが使えるのはラボのなかだけである」それからティボー本人の言葉が引かれる。「まるで月にはじめて立った人（になった）みたいです。二年間歩いていませんでした。立つというのがどんなことなのかも、自分がこの部屋にいる人たちのほとんどより背が高かったということも忘れていました」

興味がわき、情報源を調べる。それは『ランセット』誌に掲載された「四肢麻痺の患者が使用する、硬膜外ワイヤレス・ブレイン・マシーン・インターフェースによって制御される外骨格：概念実証デモンストレーション」（'An exoskeleton controlled by an epidural wireless brain-machine interface in a tetraplegic patient: a proof-of-concept demonstration'）という論文に基づいていた。その目的は世界ではじめて「四肢麻痺の患者にたいして、患者の精神によって非監視状態で作動し、長期間埋めこまれる装置の必要条件を満たす（ワイヤレスで、完全に埋めこまれ、生体親和性があり、長期的である）神経義肢を提供する」ことだという。筆致は科学研究記事に特有の、専門の読者に特化した、ついていくのが難しいけれどかすかに魅了されるようなスタイルで、読むのにものすごく集中しなくてはならない。

専門用語の向こうに、彼らの成果と、ティボーのように研究の中心で試験台になることの内実を知るヒントがある。彼のパフォーマンスの結果を述べる濃密なページがある――彼がトレーニング・プログラムのタスク（アバターを歩かせる、点を目標に移動させる、外骨格スーツの手関節をひねる）をうまく達成した回数を伝えるパーセンテージと、一覧表。無味乾燥な文体にもかかわらず、私は思い描くことができる――ラボに並んだコンピューターの前に座り、集中と疲労で汗をかき、精神力だけでスクリーン上のものを動かすイメージを何度も繰り返しているティボーを。その過程には失敗もあり、彼を囲んで座る研究員たちは、外骨格スーツと大脳皮質の電気的運動をより正確に合致させるためにコードとアルゴリズムに何度も細かく変更を加え、ティボーがうまくやったときは喜びが――チームの歓声があがる。それが二年間続き、最終的な成功率は約七十パーセントだ。

論文の注記に、羊の頭部で八ヶ月安定しつづけたインプラントのことが記されている――それが暗に示すのは、以前もこのタイプの電極が運動皮質に首尾よく恒久的に埋めこまれたことはあったけれども、それが動物に限られていたということだ。リスクは高く、私にはティボーがほんとうに人類にとっての小さな一歩を踏み出したのだと感じられた。論文の序盤には**患者1**への短い言及がある（ティボーは**患者2**だ）。**患者1**がだれだったとしても、その人は二列の電極を頭に埋めこまれたわけだ。そしてその装置の通信が停止したために――論文が容赦ない明快さで書いているように――それらは「取り出され、**患者1**は研究から除外された。技術的問題が特定され、**患者2**へのインプラントの前に修正された……」（こうしてみると、宇宙飛行士訓練校に劣らず競争的だ）。ティボーは月に達したように感じたと言うが、彼はそれを**患者1**はうまくいかなかった、という認識を得たうえでやったのであり、勇気のいることだったに違いない。

記事の末尾には三十かそこらの参考文献が示されていて、最近のＢＣＩの成功例の多くがそこにある。ここ十年のあいだ、閉じこめ症候群や四肢麻痺の患者が、さまざまな脳制御のインターフェース機器でロボットアームやカーソルを操作してきた。意味のわかるタイトルもある――「皮質内の微小電極のアレイを埋めこんで千日後の四肢麻痺者による、カーソル軌道とクリックの神経系による制御」「四肢麻痺者が神経によって制御されたロボットアームの手を伸ばし、摑む」「筋萎縮性側索硬化症《ALS》の閉じこめ症候群患者に完全にインプラントされたブレイン・コンピューター・インターフェース」――だがそのほかは制御アルゴリズムに的を絞ったものだからか、ほとんど理解不能だ。「ブレイン・コンピューター・インターフェース・アプリケーションにおける、ハイパー・パラメーターの再起的バリデーションを用いた指数関数的重みを持たせたn方向性の再帰的な部分的最小二乗回帰」現代における進歩の多くにつきものの、幅広い学際的性質を垣間見せる小さな窓だ。

続く二十四時間、私は先ほどの記事がニュースフィードに何度もポップアップしてくるのに気づく。それは「もっとも読まれている記事」ランキングのトップになっている。人々が関心を持っているのだ。おそらくは記事の難解な科学情報を解釈して生気を与えるために、グルノーブル・アルプ大学の広報部がプレスリリースを発表したのだろう――それは公衆関与《パブリック・エンゲージメント》を得るために重要なことで、未来の資金調達活動のエネルギー源となるし――それに、たしかに大々的に告げるに値する画期的な研究なのだ。それは世界中ですくなくとも百三十の異なる記事を生み出す。それぞれのタイトルには、もっとも魅惑的な「釣りタイトル」を模索する編集上の創意がいくらか働いているようだ。「四肢麻痺者が脳によって作動するロボットスーツの助けを借りて歩く」は適切だと思えるが、「脳制御の外骨格スーツによって、麻痺した患者がラボのなかを歩き回ることができる」はそうでもない。やや軽薄なものもある――「四肢麻痺患者はいまや、とんでもない神経義肢スーツを使って四肢を動かすことができる」。こうした記事はクリック数を稼ぐために技術発展をセンセーショナルに扱うが、いかに誇大に騒がれていようと、ティボーたちがほんとうに前進をやってのけたのはまちがいない。

六十五年前、フランスのアンドレ・ジュルノとシャルル・エリエによって、人間の聴覚器にはじめて直接的な電気刺激が与えられた。ふたりは聴覚を失った人の聴覚神経に電極コイル装置を埋めこんだ。患者はコオロギか車輪が軋むような音を聞いたという。続く数週間、患者はいくつかの音の違いを聞き分けられるまで訓練し、家族の声をまた聴けるのはいいものだと語ったが、それからひと月後にコイルは作動しなくなった。この実験は人工内耳開発の最初の突破口になったと多くに認められている。

聴覚の喪失や深刻な難聴は、内耳にある渦巻き状の蝸牛《cochlea》（ラテン語の「カタツムリ」）の感覚毛細胞へのダメージによってもっともよく引き起こされる。健康な耳に入った音は鼓膜を震わせ、中耳にある小さい骨によって拡大されて先へ進み、卵円窓を通って蝸牛を満たしている液体を動かす。動く液体のなかで音声を感知する有毛細胞がたわみ、電荷を発生させて聴覚神経を刺激し、それが脳内の聴覚皮質で音として解釈される。

人工内耳は、外科的に蝸牛に挿入した電極で聴覚神経を直接刺激することで、失われた、あるいは機能不全を起こしている有毛細胞をバイパスする。現在のほとんどの機器は、耳の周囲に装着する外付けのパーツでできている。マイクロホンとプロセッサー、耳の後ろの皮膚の下に設置されるインターナルレシーバー。信号は細いワイアーを下って蝸牛の電極に向かい、聴覚皮質に音声として知覚される。その感覚入力は人工的な代替物であり、生の音声とは違う――脳がそのインプットを意味あることとして解釈するようになるまでには時間がかかる。（「人工内耳の音は？」とググれば、シューという歪《ひず》んだ人工音のイメージだけでなく、完全にデジタルな信号が、とりわけ現代の多重チャンネルの装置によって、いかに明瞭な音をつくり出せるかも知ることができる。）

電気が人体に及ぼす効果をめぐって、人類は何世紀もあれこれと試してきた。一七九〇年代、電池を発明したアレッサンドロ・ボルタは、発見したばかりの電池で実験をした。五十ボルトのバッテリーの両端を耳のなかに入れることにしたのだ。彼は書いている。「回路が成立した瞬間、頭にショックを受け、それからしばらくすると音、というよりノイズが、耳の奥で聞こえはじめた。曰く言いがたい音だ——衝撃をともなうパチパチという音、ちょうどペーストか粘っこいものが煮立っているような……不快な感覚で、危険だったに違いない、というのも頭のなかにそのようなショックがあるせいで、私はこの実験を繰り返すことができなかったからだ」

人工内耳における患者1や2——ティボー的存在——がだれだったかというのを特定するのは難しい（一九三〇年代にロシアで行われた実験もあるが、記録にはたいした言及がない）。科学的な発見というのはつかみどころがなく、しばしば論争を呼ぶものだが、一九五七年のジュルノとエリエの研究——彼らが倫理的また個人的な見解の相違（自分たちの研究を公共のものにするか、それとも特許を取るか？）で仲違いしたときにそれは終わった——は後続の研究へのはずみをつけた。彼らの成果はフランスの機関紙『ラ・プレス・メディカル』紙上で発表され、いくつかのニュース記事で世界に伝えられた。うちひとつは『ロサンゼルス・タイムズ』で報じられ、ウィリアム・F・ハウス医師はそれを自分のクリニックに来た患者から手渡された。ハウスは記事に刺激を受け、電気技師ジャック・アーバンを含むチームの力を借りて、現在では研究室外で使える最初の人工内耳とみなされているものの開発にとりかかった。

あらたな技術の出現は耳鼻咽喉科医療の業界から多くの批判を受けた。本来聴こえるものと比べても電気刺激があまりにも粗雑なものだったので、人々はその装置が有用なレベルの聴力を回復できるはずがないと感じていた。理論上の反対意見とともに、強固な倫理的非難の声があった。ろう者《The Deaf》*のコミュニティは強い疑念を抱き、抵抗した。人工内耳はろう者の文化と言語を破壊するのではないか、と。もしろうの子供たちが手話を学ばなければ、その子たちは、きわめて影響力があり、支えとなるろう者のコミュニティの真の一部になれず、自分自身を障害者とみなし、また他者からもそうみなされるようになるだろう。一九九〇年代までに人工内耳への反対運動、特にインフォームド・コンセントを得るには若すぎる子供たちにインプラントを処置することへの反対運動が、アメリカ合衆国で広まった。それは感情に関わる問題であり、ろう者のコミュニティのなかには自分たちをひとつの民族集団として考える人たちもいた。彼らにとってインプラントは「文化的抹殺《エスノサイド》」だった。

一九七六年、人工内耳がまだ激しい論争を呼んでいたころ、インプラント手術を受けたアメリカの患者十三人の全員が、装置のスイッチが入っているときに発話が著しく向上し、読唇もできるようになり、生活の質が向上したという研究結果があった。テクノロジーはどんどん改良されていた。一九六〇年代と一九七〇年代の実験的な装置が、役に立ちはしても粗い音質だったのにたいして、最新の多重チャンネル人工内耳は、現代の外科技術の向上によって聴覚神経のより正確な位置に電極列を配置することができ、はるかに幅広い音を実現している。スピーチプロセッサーはより小さくなり、よりパワフルなコーディングが可能になって、より高性能なマイクロホンと組み合わせることで個々の声は背後の騒がしい音から際立ち、音楽も認識できるようになっている。

もちろん、いまなお改善の余地はある。人工内耳が挿入されると、いかに微量でも患者がもともと持っていた聴覚は手術中に損なわれ――そして戻ってこない。そこで、聴覚の人工的代替物を提供しながら残っていた聴覚も保持する、ハイブリッドのインプラントが開発されている。また人工内耳は現在でも異物反応を引き起こすことがあり、バイオフィルムが形成されると組織が損傷する。そこで生態組織と共存可能なあらたな電極の研究がなされており、ロボット操作による手術技術もまた、挿入の際の外傷を最小限にとどめることを目指して開発されている。そして最前線では、装置の耐用期間を引き伸ばすために、赤外線や赤外光の波動で聴覚神経を刺激するあらたな電極アレイが試されている。構成部品の小型化とバッテリー寿命の改善は、いつか完全に埋めこむことのできる装置をもたらすだろう。またその地平のさらに先では、なによりもまず幹細胞治療が損傷した有毛細胞の喪失を補うか予防し、ことによると聴覚の喪失にたいして、再生という選択肢を提供する日がくるかもしれない。

この先になにがあるとしても、人工内耳はすでに変化を促すテクノロジー《トランスフォーマティブ・テクノロジー》だと言える。いまでは世界で六十万人が人工内耳を身につけている。人類はわずか六十五年のうちに、失聴に効果的な治療がないところから、聴覚に深刻な障害を抱えた人々が電話で話し、音楽を聴き、騒がしい人混みのなかで特定の声を拾うことを可能にするテクノロジーが日ごとに開発されつつある今日にまでいたった。早い時期にインプラントを受けた聴覚障害のある子供たちには特に効果があった――彼らは話していることや言語を学び取りやすくなり、教育面の可能性を満たすこともより容易になって

＊大文字で「Deaf」と表記される場合、その用語の使用者はろう者のコミュニティに属し、そこへ積極的に参加しており、文化的にろう者であることを自認している。いっぽう、頭文字小文字の「deaf」は医学用語で、聴覚障害のある人に適用され、その人がろう者のコミュニティに属しているかどうかは問われない。両方のグループを指す略語として「D/deaf」がよく使われる。

いる。

最初期の人工内耳のパイオニアたちは可能性を探求した。それがどれほど初歩的で、突発的な人工音がいかにはかないものでも、彼らはとにかくやってみようとしていた――実験が最優先の設備につながれ、研究室に閉じこめられながらも。初期の挑戦と実験のなかで、ついになにも聞こえなかった人たちもいた（インプラントが作動しなかったり、取り出されなくてはならなかったりして）。彼らの名前は決して研究論文には載らなかった。そうした人たちは未知の危険を冒し、医学史における偉大な前進がなされるかもしれないと考えて身体を科学に提供した。ティボーがそれと似たようなことの初期のステージにいて、脳を読み取る**とんでもない**外骨格スーツが六十五年後の表通りを**歩き回る**その最初の数歩を踏み出したのだと、私たちは希望を持ってしかるべきだろう。

私にとってこれらの大胆な試験台たちは、地図のない危険な地域を登り、横断し、探検する人々と同じように感銘を与える存在だ。私は彼らが負ったリスクを見つめて――ティボーは医師たちにふたつの電極列を、彼にとって適切に機能している最後の部位のひとつだった脳の表面に埋めこませた――そこに勇気を見留める。このパイオニアたちがいずれどのような困難に直面するのか、だれにもわからない。感染症もあればインプラントの除去もあるだろう。また、手術が不可逆的なものであったり、身体に損傷を与えたりした場合、彼らはその装置の次世代版から自分たちを排除したということになるかもしれない。

彼らは絶えゆく光に怒ってきたのだ。はじめてエリエのもとを訪ね、電気で聴覚を復活させてくれと頼んだ患者は、怒っていた。ティボーも、カーソルとロボットアームをBCIで動かす麻痺患者の人たちも、闇にかすかに明滅する小さなしみをバイオニックアイで見たひと握りの人たちも、ジャックと最初のオッセオインテグレーションの患者たちも――みんなそれぞれのやりかたで怒っていた。技術会社にいるアクセシビリティの開発者たちもまた怒っていたということは、同じくらい重要だ。障害者のアクティビストたちは、アクセス困難なロンドンのバスに自分たちを鎖で繋ぎ、一九九五年に障害者差別禁止法が成立するまで怒りつづけた。ろう者のコミュニティもまた、テクノロジーが自分たちの身体を「普通」に変えようとするのにまかせず、自ら共同体を作り上げ、社会を変えようとすることで怒っていた。こうした人々は、科学技術がつねに解決策になるとは限らないと教えてくれる――この世界をすべての人にとってアクセシブルにするためには、社会の態度を変えなければいけない。

そう、ときには私も――だれだって――一時的に怒ることがあるだろう。医療保険制度の一部が正しく機能していないと感じているのを伝えようと、政治家に手紙を書くこともあるだろう。慈善団体が資金を集めるのに協力することもあるだろう。あるいは突然、自分のソケットが快適ではない、もっといいやりかたがあるはずだと怒りだし、リム・フィッティング・センターに乗りこむこともあるだろう。でもできればそんなことはしたくない。私は自分の障害のことが中心ではないような、ありふれた、静かな生活を送りたいし、残りの私たちのために医療テクノロジーを改善させようと身を捧げた人たちに感謝している――そうした探検者たちがいたから、ジェイミーやヘイデンや私たちは探検する必要がなかった。私たちはティボーに感謝するべきだ。彼があの外骨格スーツを着たまま研究所を出ることはなく、ほかの人々が彼に続くには何年もかかるかもしれないけれど、彼は私たちが地図のない領域に踏み出すのを助けてくれたのだ。

われわれの似姿に

ドイツにいるあいだ、アシスティブ／ウェアラブル・ロボット工学のシンポジウムに出席した。事前にメールして参加していいかを問い合わせた。主催者との熱のこもったやりとりのなかにチケット代金の話はなく、当日いざ名札の並べられたテーブルに行くと、所属大学を尋ねられる。ただの関心ある一般人ですと言うと、カードリーダーを手渡され、三百ユーロですと言われる。決まり悪くて退却できず、支払いを済ませ、透明に——ほぼ——なれるが後方すぎない席を見つける。三十人かそこらの出席者たちがお喋りしていて、この学会はすべてドイツ語で行われるのではないかと震えるが、進行係が立ち上がって手を擦り合わせると、この汎ヨーロッパ主義グループは英語に切り替える。

いくつかの発表ではなにが話されているのかまったくわからず、ドイツ語を聴いているのと変わらない（制御法、人間の平衡制御の予測モデル、オンライン・プランニングとＶＲヒューマノイド・ロボットによるボール投擲の制御……などについての、きわめて数字の多い発表）。発表者は「基本的に」

という言葉を、まったく基本的ではないことについて説明するときに言いがちであることに気づく。**基本的に**と聞くたびに私はちょっとずつついていけなくなってゆき、少し馬鹿になったような気がする。だがほとんどの話題は興味深いものだ。

アシスティブ／ウェアラブル・ロボット工学学会がどんなものまでを扱っているのか、はっきりとはわかっていなかった。いちばんわかりやすい例はおそらく外骨格スーツで、現に講演の多くがテーマにしていたが、学会の領域はそれよりはるかに広く、身体を治療して補うあらゆるハードウェアを含んでいるように見える。その日一日で、関心がヘルスケアにだけ限られたものではないのに絶えず気づかされることになる。スライドには工業用や救急隊用にデザインされた外骨格スーツがあらわれる。巻かれた巨大なホースを持って階段吹き抜けを登ってゆく消防士を、圧縮空気駆動の外骨格スーツが支えている。リンゴの入った籠を持ち上げる年長の日本人農場労働者ふたりは空気圧縮スーツを着ている（発表者は、外骨格スーツが肉体労働における怪我を防げることと、高齢化した労働力の有効性を保つだろうということを強調した）。そしてロッキード・マーティン社の下肢スーツは、兵士と緊急対応者《ファースト・レスポンダー》のためにデザインされている――より多くを、さらに遠くに運ばせ、疲れを軽減する。

歩兵としての私の経験は、理屈上、これは役立つはずだと告げている――たくさんの防護具、弾薬、通信機器を運びながら埃っぽい場所を進まなくてはならなかったとき、それを助けてくれるものがあればなんでも気に入っただろう――だが実際には、さらにべつのテクノロジーに依存することになり、それが戦略上の負担（バッテリーひとつとっても、充電とメンテナンスが必要だ）になること、のみならず遮蔽物に逃げこもうという危機的な瞬間にそれが作動せず、ひっくり返った虫のように敵の銃火にさらされるというリスクがあるのを考えると、戦闘部隊がこのようなものを着てどしどし歩き回ることになるまでにはそれなりの道のりがあるのではないかと思う。

こうした限界こそ、外骨格スーツがリハビリテーションの道具にとどまり、日々の生活を助ける重要な装置にはならない理由だという気がする。外骨格スーツを身につけてマラソンを走り切った人たちや、それを毎日使っているひと握りのパイオニアたちのストーリーはたしかにあるが、いまだに例外だ。発表の多くはきわめて独特で技術的な問題に焦点を絞っている。そうした問題を乗り越えれば、次世代の外骨格スーツによって、麻痺患者がちょっとした買い物のために日常的に家の外に歩き出せるようになるかもしれない。そこにいたるまでのハードルには、バッテリーの重量と出力にまつわるものがある——私たちは人体がいかに能率的なのかを説明される。ほんの数百ワットで一日中動くことができ、充電はたった一度（朝食）だけでいい。**まったくの奇跡です**、と科学者は言う。**このようなものを再現することができるにはほど遠い**——また例によって、機械と人間を融合《インターフェース》させるときの難題がある。

どうすれば外骨格スーツを身体に完全に協同させて制御できるのか？　そこには力学的な問題がある——スーツを人間のユーザーそれぞれに安全に、快適にフィットさせようとすると、ひとつひとつの形態とサイズは異なったものになるだろう。調整可能なストラップ、伸展機能、柔軟な素材もないよりはましだが、外骨格の関節は人体の幅広く自在な動作とさまざまなスピードを模倣しなくてはならない。全身のなかでもっとも複雑な関節のひとつである膝関節を例に取ってみよう。それはひとつのシンプルな軸によって曲がるのではなく、多中心的なものだ。大腿骨が脛骨の上をスライドし、曲がるときに関節の中心が移動する。外骨格はそのような複雑さを念頭に置き、生身の関節にストレスを与えて負傷のリスクを生じさせることなくユーザーを支えなくてはならない。

制御インターフェースの問題はさらに難しい。ロボット脚を前進させるモーターは、〈ティボーのように〉脳に接続されることなしに、ユーザーの希望する動きをどうやって知ればいいのか——とりわけその人が麻痺していて、制御に取り組んだり、感覚的なフィードバックを受け取ったりする方法がないときには？　それにどうやれば外骨格のバランスを取り、躓くのを防ぎ、現実世界の果てしない複雑さに適応させることができるのか？　人間がまっすぐ立って世界を進んでいくためにやっている、ささいで、本能的な反応を再現するのは、恐ろしく難しいことなのだ。

ロボット工学と人工知能の研究者によって一九八〇年代になされた〈モラベックのパラドックス〉という驚くべき発見は、再現が困難なのはハイレベルな推論ではない、というものだ。多大なコンピューター計算を必要とするのは、実際にはわれわれが当たり前と思っている、低レベルな感覚運動スキルなのである。人間は感覚的な情報をたえず利用し、それを有用な運動に変換している。これらの運動は未来の刺激の感じかたに影響をあたえ、その絶え間ないフィードバックの繰り返しによって環境の変化とエラーを継続的に訂正している。躓くのを防ぐ動きは、信じがたいほど上手くなった本能的反応ともいうべきもので——何億年にもわたって私たちのなかに暗号化されている。いっぽうで、ハンス・モラベックが言ったように「抽象的な思考……は、生まれておそらく十万年にも満たないあらたな方法である。私たちはそれをまだマスターしていない。本質的にそれほど難解なものではなく、私たちがそれをするときに難しく見えるにすぎないのだ」

〈アルファ碁〉を例に取ってみよう（このＡＩプログラムは、二〇一六年に抽象戦略ボードゲームである囲碁の人間トッププレーヤーのひとりを打ち負かした。製作したのは、現在は Google が所有している企業〈ディープマインド〉だ）。そのアルゴリズムは、強化学習を通じて蓄積した知識に基づいて次の指し手を決定する。指し手ごとに勝率を認識するよう訓練された人工の神経回路網を使い、つねにより良い選択をすることをプログラムに教え、ついには人間に勝つまでになる。その学習のすべてが試合そのものを通じて行われ、どんな過去のデータも人間の介入も必要としない。ところが〈アルファ碁〉は、十九掛ける十九の碁盤を挟んで人間と向き合って座っているロボットではなく、巨大なサーバーが管理しているアルゴリズムだ。人間がそれに代わって石を打たなくてはならない。私たちは石を動かすことをとても（無意識にできるほどに）簡単に感じるので、碁石に手を伸ばして持ち上げるロボットを作るほうが、自分たちが考えを凝らさなくてはならないゲームの抽象的課題をマスターするロボットを作るよりも難しいというのは、どこか奇異に思える。

こうした感覚運動の課題解決法をめぐる講演は、きわめて複雑なものになる――制御アルゴリズム、歩行パターン分析、生物学的モデリングについての、終わりの見えないスライド。エンジニア

＊リハビリセンターではいつもとてもうまくやれていると感じていたが、そこには艶やかで平らな床と、生活を容易にする昇降機やスロープや取っ手があった。移動することがいかに難しく、自分の義足がいかに能率的でないかにはじめて気づいたのは、あらゆる表面がでこぼこで勾配になっており、つねに変化している外の世界に出たときだった。

リングとコンピューター計算とプログラミングは反復しながら進捗する、という印象が残る。だれもがきわめて独特で複雑なものに取り組んでいるようで、個別に見るとその意義は把握しがたいが、それがほかのすべての研究との関係のなかで理解されると意味をなしはじめる――そしてここは、ひとつの学会のひとつの小部屋にすぎない。

休憩時間が終わると、私のマイクロプロセッサー膝継手を作った企業からの話がある。自分の義足をウェアラブル・ロボットだと考えたことはなかったけれど、実際そうなのだろう。それからふたつのあらたな上肢筋電性義手がプレゼンされた。

次はロボットの専門家に耳を傾ける。「摂動」という言葉がずっと使われている。またもや数字の多い発表だったが、そのうちにヒューマノイド型ロボットがルームランナーを走る映像が流れる。アクチュエーターのシューという音と、四角い足がゴムを打つ音。研究者の手が画面にあらわれてロボットを押し、私は驚く。**これが摂動という言葉で言おうとしていたものか。**ロボットは襲撃にたいして脚を横に踏み出すことで調整する。また押される、今度はもっと強く、すると脚はさらに外側にさっと動く。平衡が崩れかけたが、それでも走りつづける。驚くほど人間めいた反応だ。

その日最後の講演が終わったあと、思いがけずほかの数人とマイクロバスに乗り、北に向かっている。訊かれたのだ――たしか博士課程の学生に――ロボットを実際に見たいか、と。私はぜひと言った、隣の部屋にあるのだろうと思って。だが結局はドイツにおけるエンジニアリングと科学研究の大学の最高峰のひとつ、カールスルーエ工科大学（ＫＩＴ）へ三十分かけてドライブすることになる。私はそこでふたつのロボットを見る。最初はＡＭＡＲⅢｂ。彼もしくは彼女（聞かなかった）の上半身は青いパネルでできたヒューマノイド型で、パネルの下には配線された装置とピストンからなる灰色の機械骨格がある。十二歳とのことだが、骨董品を前にしているように感じられる――それは私に一九八六年の映画『ショート・サーキット』のロボットを強く連想させる。少年時代の私のお気に入りのひとつで、開発者たちはそれにオマージュを捧げたのではないかと感じた。ＡＭＡＲⅢｂはシェフの帽子をかぶってキッチンを模した空間を移動し、冷蔵庫を開け、適切な材料を取り出してオムレツを作る。やや滑稽な白く飛び出た目をしているが、そこには周辺視野と中心窩視野のためのカメラが内蔵されており、そのシステムはヨーロッパじゅうの多様な産業用途で用いられているという。

　だれもがヒューマノイド型ロボットを苦労して造ろうとする理由を、私は芯から理解したことがない。〝われわれの似姿に〟的娯楽や物珍しい女性《フェム》ロボット《ボット》を求める、心惑わされた者たちの楽しみなのだと思っていた――有益な解決に達するためなら、風変わりでか弱い二足歩行の人体を模倣するよりも簡単な方法があるに決まっている。たとえばロボシェフ・フードプロセッサータイプの機械は、材料を投げ入れるとそれを刻み、調理してくれる。ほかの調理器具と同じようにカウンターに置ける、タスクを達成するためのより効果的で安価な方法に思える。だがＡＭＡＲⅢｂが冷蔵庫に近づき、開け、牛乳を認識してその名を呼び、冷蔵庫から取り出し、割ったばかりの卵に注いで泡立てはじめるのを（多少こぼれはするし、動きにかすかに苦労しているような感じはあれ）見ていると――その日の講演（たとえばルームランナーに乗ったロボットがバランスを回復する様子など）も思い出し——私はこれらの大学がヒューマノイド型ロボットにこれほどまでに関心を持っている理由がわかった。それは身体について学び、身体が障害を得たときにどのようなアシストが最良なのかを知るための、ひとつの方法なのだ。

歩行パターンの分析は、われわれがどのようにバランスを取っているのかを理解する助けになる。ヒューマノイド型ロボットのなかで遂行された転倒防止のアルゴリズムは、義足や外骨格スーツの足取りをもっと確かなものにしてくれるかもしれない。そしてもしロボットがわれわれの環境で全面的に交流するようになれば、もっと便利になるだろう——ロボシェフに作れるのはシチューのようないくつかの食事だけだが、AMARⅢbのようなロボットはオムレツを作れるし、食後の皿の表面を拭くことも、食洗機に入れることもできる。このロボットが冷蔵庫のなかに手を伸ばすのを見ているとき、それが牛乳を持ち上げるのに使われたテクノロジーは、今朝KITが発表した義手で使われていたテクノロジーと同じものだと気づく。

最新の生体工学義手（しばしば筋電性義手と呼ばれる）が抱える問題は、人間のユーザーによる制御法にある。切断者が断端のきわめて限定された筋肉部位を緊張させると、義肢のソケットに緻密に配置された電極が筋肉の発した電気信号を特定してモーターを起動し、日課をこなすのに最適な形へと指を開いたり手首をねじったりする。このタイプの制御インターフェースにつきものの欠点は、それがしばしば多くのトレーニングを必要とし、熟練するまでにもどかしいほど苦労するということだ。（それこそ、リハブ・フェアのサイバスロンでレースするスーパー・ユーザーたちの印象的なところだった。）また電極はぴったり正確な位置に置かれなくてはならず、ユーザーは毛を剃らなくてはならないし、少しでも汗をかいたり動いたりすると効果は弱まりかねない。側から見るとたしかに素晴らしい――SFのアイテムだ――が、これらの高価な義手を制御する認知負荷は、やがてそれにわずらわされたくない人々を生み、約五十パーセントの人が義手に見切りをつけている。

これを克服するため、あたらしいKIT義手の手のひらにはプロセッサーと距離センサーとカメラが埋めこまれ、それによって対象の数を把握することができるようになった。それまでは利用者が直感に反した筋肉の動きで苦労して手を正しい形にしなくてはならなかったが、この新しいタイプは義手自体が対象を「見た」ときにそれがなにかを認識し(バナナ、コーラ缶、電話、鍵などなど)、みずから指と手首を動かしてそれを持ち上げるのに適切な形になる――ちょうどAMARⅢbが冷蔵庫のなかに手を伸ばしたときのように。動作はすでにプログラムされているのでユーザーはそのことを考える必要がなく、最良の筋電性義手ユーザーがやるのと比べても、あらゆる動作がより自然に見える。

AMAR-6に会わせるため、AMARⅢbが私たちをキッチンの外に案内して廊下を先導してくれたとき、私は思わずありがとうと言いそうになる。兄と同様、AMAR-6も車輪に乗っており、上半身はヒューマノイドだ。輝く緑の外殻はより今っぽい印象を与える。特定の労働環境にあわせてデザインされており、消毒薬のボトルを噴射して拭き掃除をするなど、ちょっとした清掃をするところを見せてくれる。それが終わると倉庫の棚を模した場所に移動し、博士課程の学生がネジを外して棚をひとつ下ろすのを手伝う。学生が片側を、AMAR-6が反対側を持ち、学生が歩きながらなにが起きているのかを説明するあいだ、ロボットは彼の一挙手一投足を真似ている。私たちは順番にＡＭＡＲ－６の腕を上げ下げさせてもらうが、その腕も人間の動きに「隷属」している。ごく自然に見える動きだ、たとえロボットが支えているのが棚の特に重い部分だとしても。これもまた、外骨格スーツや、障害者――この場合は、年齢を重ねるわれわれみんな――をアシストする装置にとって、実に貴重なテクノロジーの一例だろう。

最後にＡＭＡＲ－６は写真を撮りたいかと私たちに尋ね、みな笑顔で順番に撮っていく。私は研究員のひとりに、ロボットにたいしてどんなふうに感じているか尋ねる。もし火事が起きたら、飛びこんでいって助けますか？　彼女は笑う。「火の程度によりますね。もし燃えてしまったら悲しいと思う――でもそれは、自分が好きなほかのものにたいして感じる悲しさと変わりません」

順番が来て私がＡＭＡＲ－６の隣に立つと、ＡＭＡＲ－６は私の肩に手を回してセルフィーを撮る。

翌朝もシンポジウムは続く。ロボットが人間と緊密に協力し合って働けるためにデザインされた、あたらしいロボット皮膚についての発表がある――感覚細胞が配されたその外骨格スーツは「感じ」ることができ、身体にかける圧力を調節して摩擦を減らし、ロボット介護者は患者をもっとやさしくベッドから持ち上げられるようになる。この技術の次世代版をリバースエンジニアリングすれば、脊髄損傷患者の触覚を回復させることもできるかもしれない。

それからソフト・ロボティクスについてのふたつの講演。それは布地や服と融合できる適合しやすい素材から作られた部品からなる補助デバイスである。**ソフト・ウェアラブル・アクチュエータ**

ー・グリップというのもある——膨張する小胞（ブラダーセル）の列が縫いこまれた手袋だ。ブラダーセルが膨張して互いに圧迫し合い、全体が巻き上がって握る動きをする——きわめて自然な見た目で、巻きになったり開いたりするシダの葉のようだ。それによる補助の実例が映像で示され、空っぽの手袋が九キログラムの物体を持っている。次に紹介された柔らかい外骨格スーツは、布製だが足首と膝と腰の関節を通って伸びるしなやかな腱を備えている。重力を克服しなくてはならない立ち上がるときの最初の段階や、歩くときの立脚相をアシストするものだ。私は祖父母が苦労して椅子から立つときの「よっこいしょ」を連想する。

硬質な外骨格は多くのパワーを出力することができ、人体をアシストするときも形状が損なわれない——脊髄損傷の患者にとっては必須の要件だ——が、それは重く、分厚く、多くの動力を必要とする。ソフトロボティクスにそのようなアシストを提供することはできないが、それはより軽く、われわれの日々の暮らしに馴染むようにデザインされ、車椅子や車内や肘掛け椅子にいても使うことができる。それらは社会においてより広範な利益をもたらすだろうと私は思う。衣服と融合し、私たちをより強固にあるいは素早くし、加齢にともなう「よっこいしょ」を防ぐだろう、と。

だが、二日にわたるシンポジウム全体でもっとも感銘を受けたテクノロジーはおそらくもっともシンプルなものだ。それが提示されたのは注意が散漫になりだす時間帯で、人々はパワーポイントに倦み、疲労がはっきりと部屋に漂いだしていた——またおそらくは、ここでハイテクに関心を集中させている多くの人はそこまで興味を惹かれていないのではなかろうか。それは義手で、対象物が押し付けられることによって握る動作をする。それぞれの指が対象物の形状に適応し、はさんだり摑んだり、ほとんどどんな物でも持ち上げることができるうえ、すべてが力学的な働きによっている――重たいモーターもバッテリーも、知的な制御アルゴリズムもない。そして対象物に手を押し付けているのはユーザー自身であるため、ユーザーはより多くのフィードバックを感じることができる。世界でもっとも軽量の義手のひとつであり、生産コストは低く、低中所得国でも利用できる可能性があり、そここそまさに（忘れるなかれ）切断者の大部分が暮らしている場所でもある。デルフト工科大学の現職若手の教授はそれをスマート・テクノロジーという言葉で説明している。「近所に買い出しに行くのにフォーミュラ1で使うような車はいりませんから」と彼は言う。これまで発表されてきたアイデアにたいする邪気のないからかい文句に、笑いが起こる。

二日間かけてきわめて複雑で高価な問題解決策に耳を傾けてきたのだったが、私にとってもっとも納得できるのはスマート・テックだ――それは間違いなく最先端のメカニズムで、人間の手そのものからインスピレーションを得ており、バッテリーは必要なく、3Dプリンターで出力でき、直感的に使える。

こうしてシンポジウムは終わり、私は空港に向かっている。

数年前、AIと神経科学の教授であるアルド・ファイサルと、〈インペリアル・カレッジ・ロンドン〉にある彼の研修室で面会した。方程式とアルゴリズムとフィードバック・ループが所狭しと書き留められたホワイトボードがあり、ものはかなり少ないながらもやや雑然としていて、この場にそぐわない品々がぽつぽつと置かれている。ミニマリズム・アーティストやファッションデザイナーについての本もあり、これらのものが本筋から逸脱したインスピレーションを彼に与えるのだろう、と考えたくなってしまう。面談を申し込んだきっかけは、彼のチームが敗血症（世界の主要な死因であり、医療施設においてもっともありふれた死因でもある）への治療を促進するためにあらたに立ち上げた「ＡＩ臨床医学会」で彼の講義を聴いたことだった。このＡＩは集中治療室にいる患者のそばにいて（いわゆるロボットではなく、きわめて標準的な、あなたもすでに見たことがあるだろうタイプのモニター上で作動するソフトウェアである）、出力されるバイタルサインと入力されている治療法を吟味し、最適な処置を提案する。ファイサル教授はレーザーポインターを片手に演壇を歩き回り、その熱っぽさでわれわれ聴衆を惹きつけ、まるで映画に出てくる若いロックスター風の教授だった。私はほんのりと畏敬の念を抱いた。

私が教授の取り組みに賛意を感じたのは、病院での経験が過酷なものだったからだ。ほとんどの点において看護師と医師たちは親切で、聡明だった――だが彼らのヒューマンエラーと疲労と、と

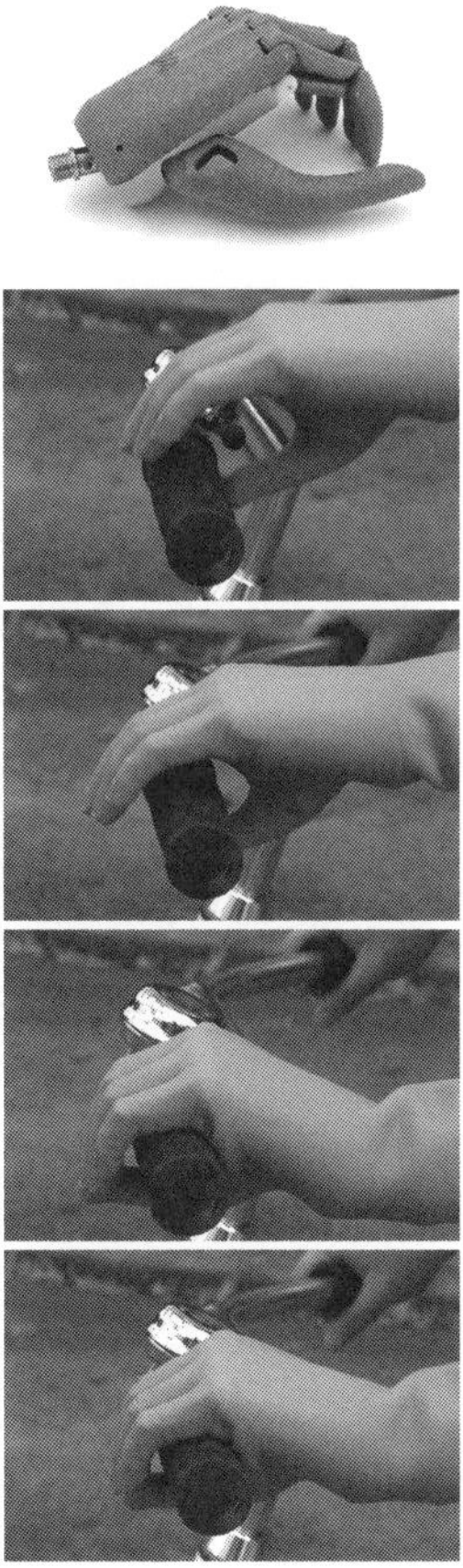

デルフト工科大学G・スミットらによる義手．電気的な駆動力を使わず，ユーザー自身の動きを力学的に利用する．3D プリンタで制作でき，現在は「mHand Adapt」として製品化もされている．

きには経験不足の結果として、私は処方されている薬品が適量なのか、服用する時間が適切なのかについて、頻繁に（意識があるときは、だが）尋ねるはめになった。医者は眉をひそめる――「確認してきますね」。そしてひとたび与えられるべきでないものを与えられると、私の腎臓は痛み、体調は最悪になる。その経験は「あなた自身の回復はあなたのものでなければならない」という言い回しにあらたな意味を加えるものだった（この言葉は、込み入った治療を受けている人に私ができる最良の助言だ）。そんななか、私は真菌感染症を起こした――だれの過ちでもない、たんに運が悪かっただけ――そしてもういっぽうの脚も切断しなくてはいけなくなった。

ＡＩがあれば、私につながって信号音を発しているモニターが提示するすべての情報を元に、感染症をもっとうまく特定できたのだろうか――切断が唯一の選択肢になる前に？　講義のなかでファイサル教授が説明していたのは、無数の患者への介入と観察をすべて記録している集中治療室の装置から膨大なデータセットを読み取り、それを使えるように整理することが、いかに困難で時間のかかることかということだった。人間の行動と生態が生みだすノイズを消すのがいかに難しいか。いざデータ収集がはじまったとしても、それがいかにたびたび不首尾に終わるのか――個人用ＡＩのデータセットを準備するまでにはまだ道半ばのように思えた。

だがファイサル教授のチームはそれに取り組み、ひとりの人間の医師が一生に経験できる量をはるかに超える患者データから情報を引き出すＡＩを開発した。強化学習によって死亡率を予測し、最良の処置を提案することができるものだ。優秀な医師が五つか六つの要素から診断するとすれば、ファイサル教授が聴衆に語ったところによると、ＡＩ臨床医は二十ほどの異なる変数を追跡調査した上で提案するという。またそのＡＩは、効能は少なく有害にもなりえる、医師たちのとある傾向を明らかにした――彼らは患者の容態が悪くなると薬剤処方を増やしがちなのだ。

研究室のファイサル教授はサンドイッチをかじりながら、口のなかのものを飲みこむたびにどんどん説明し、わざわざ立ち上がってホワイトボードから古い図表を消し、知覚と行動のサイクルを簡単に図解してくれた。彼の関心は、人間の行動を駆動しているアルゴリズムをもっとも基本的な原理からリバースエンジニアリングするというやり方でＡＩを開発することだ。ぼくの仕事はほとんどＳＦです、と彼は言った。チームメンバーはこれがどうエンドユーザーに役立つのかと心配しています。やや話の難度についていけなくなった私は、あなたのＡＩはとても素晴らしいと思う、と言った。だが彼は警告した――離陸直後に墜落したジェット旅客機を思い出してください。機上のＡＩは、機体が失速していると――実際はしていないのに――告げるセンサーから誤った情報を与えられつづけた。ＡＩはパイロットを無視し、彼らがなんとか上げようとしていた機首を下げつづけました。ＡＩの質はわれわれが与える情報にかかっているんです。

研究室を後にして、次のゼミを待って列を作っている学生たちのあいだを通り抜けながら、私は自分のマイクロプロセッサー膝継手の開発者のひとりと交わしたやりとりを思い出していた。彼は最初の膝継手を患者たちに提供するとき、いかに責任重大だと感じるのかを語った。「義足は寿命を迎えるまでに何十億回もの決断をする。すべてのセンサーから情報を収集し、そこにこれまでのデータを加え、われらが素晴らしい制御アルゴリズムに送り、きわめて複雑に連続する制御法を通じて次の行動を決定する――小さく踏み出す、大股で踏み出す、躓きを防ぐ、段差に合わせて曲がる、などなど」そして私に尋ねた。「もし百万回のうちひとつの決定に誤りがあったとしたら、問題だと思うかい？」

私はそんなふうには思わないと言った。

「二千億歩分の決断があると考えてみよう。私たちのあたらしい膝継手を世界中の切断者が一年間使うとしたらそのくらいの数字になる。百万回のうち一度の判断が間違っていたら、間違った二十万歩が生まれる。間違った十歩のうち一歩が転倒につながったら、転倒は二万件だ。そして十回のうち一回の転倒が怪我につながったら、怪我は二千件。二百の怪我のうち一件が致命的なものだったら……どうだい……上々とは言えないだろう。コントロール・エンジニアたちはエンドユーザーの健康に大きな責任を負っている。私たちはシステムのすべてを正しくしないといけない。エラーできる余地はないんだ」

人類はずっと神を演じたいと思ってきた。その意図に基づいて、古代ギリシャの人々は動物と人間を模倣する機械人形《オートマタ》を作り、ダ・ヴィンチは人造人間――クランクと滑車とケーブルで動く中世の騎士――を設計し、フランスの発明家ジャック・ド・ヴォーカンソンは一七三〇年代、羽ばたき、ものを食べて排泄する機械仕掛けのアヒルを創造して群衆を沸かせ、トーマス・エジソンが売り出した喋る人形は、その不気味さで恐怖の人形というホラージャンルの走りになったとも言われている。みな、魔法の幻影と機械仕掛けの驚異のあいだに位置しているものたちだ。

人類はいままでは実際に有用なロボットを作り出しており、それらは人類とその環境に働きかけることができる。医療現場では感染症の患者の看病を手助けし、病棟を掃除し、手術をアシストすることができる。老人介護施設やリタイアメント・ホームで行われた実験では、患者が人間型ロボットとの感情的なつながりを育み、それが認知症の症状によい効果を及ぼすことがわかっている。玩具メーカーのハズブロは、撫でられるとゴロゴロ鳴いたり転がったり瞬きしたりする、生きているようなロボットのペット猫を売っている。今後ロボットは、ますますこうした役割を担うようになるだろう——病院職員をアシストし、世界の高齢化する人々の介護者になり、抱え上げ、掃除し、交流する。

人間生物学にインスピレーションを受けたロボットは、人間のためにデザインされた世界でうまく機能するだけでなく、損傷した身体を修繕し交換する義肢装具やアシスティブ・テクノロジーにもなる。そして人間の脳（しばしば「宇宙で観測される範囲においてもっとも複雑な物体」として持ち上げられる）は、その性能を真似て汎用性のある知性を創り出そうとしているファイサル教授のような科学者のインスピレーションになる。ＡＩはすでに、人間が処理するのを望むべくもない大量のデータから物事を判断するのを助けてくれていて、アシスティブ・テクノロジーをさらに直感的なものにしている。ロボット工学とＡＩが集結することによってもたらされるあらたなテクノロジーは、私たちにますますシームレスに溶けこみ、身体への物理的なインパクトと認知負荷を軽減させるかもしれない。これは未来のハイブリッド・ヒューマンたちにとって、特に強力な要素になるだろう。

〈拡張した認知〉とは、精神的な作用が環境に延長されるという考えである。アンディ・クラークとデイヴィッド・チャーマーズが一九八八年の論文「拡張した心」において最初にこの概念を提唱した。書き出しは以下の通り。「心はどこにまで及び、どこから残りの世界がはじまるのか？」精神的なタスクに着手するとき、われわれは周囲にあるものを使う。たとえば計算するときには、指を使って数える。数がより大きければ、ペンと紙を使う。より早く算出したりもっと複雑な計算をしたりするときには電卓を取り出す。私たちはつねに「言語、本、図表、文化といった多岐にわたる身の回りの品」を使っている。こうした外的な物体（たとえば紙とペン）を使うとき、われわれは**連結したシステム**を作り出し、タスクの一部をテクノロジーに委任する。この連結は認知する過程の一環といえるが、完全に頭のなかで完結してはいない。テクノロジーを取り除いたら（ペンと紙を取り去ったら）、われわれの能力は失われ、まるで脳の一部を取り去られたようになる。

論文にはこのような思考実験がある。インガがニューヨーク近代美術館の展示に行きたいと思っている。彼女は美術館が五十三丁目にあるのを覚えていて、歩いてそこまで行き、入場する。美術館が五十三丁目にあるという確信はインガの記憶のなかにあって、すぐに利用できる状態にある。オットーもまた展示のことを聞いて、行きたいと思う。だがオットーはアルツハイマー型認知症を患っている。この疾患を克服するために彼はノートを持ち歩いていて、あたらしい情報を得るたびにそこに書きこんでいる――それが彼の生物学的記憶の代わりになっているのだ。オットーがノートを参照すると、美術館は五十三丁目にあると記されていて、彼はそこまで歩いて入場する。オットーの記憶が心の外側に保たれ、ノートによって代行されているからというだけで、美術館が五十三丁目にあるというインガとオットーの確信に違いはあるだろうか？　違うとは言えないだろう——結果は同じなのだから。論文上の一九九〇年代の参照物——電卓とシステム手帳——をスマートフォンと義足に置き替えて、それらを私が「実社会に加えている」認知リソースだと考えれば、私もまたたしかに**連結したシステム**だということになる。

いつだったか友人に尋ねられたことがある——脚が壊れて交換もできないというのはどんな感じなのか、と。私はこう答えた、もしスマートフォンをなくしたらどう感じる？（彼女はそこに子供たちの写真すべて、仕事の連絡先とメールアドレスすべて、メモとパスワードすべてを入れていて、バックアップをとっているかははっきりしなかった。）彼女は言った、「取り乱すと思う……打ちのめされて、なにをどうすればいいのかわからなくなるでしょうね」それから、人々とすぐに連絡を取れる状態でなくなることの不安を語った——それこそが怖いことだと。「自分の一部がなくなった気がすると思う」と言った。「それはスマートフォンがきみにとっての義足だからだよ」と私は言った。とつぜん脚がなくなることは、それと似たような感情を引き起こす。違いがあるとすれば、スマートフォンを紛失したときの私たちには、一日二日経てば自分は大丈夫だと思え、もうそれと連結していないというのはむしろ好ましいことだと気づく場合があることだ。脚が作動しなくなったときに、私がそのような啓示《エピファニー》を得ることはない。

人間の認知を拡張するような連結は、われわれの使うテクノロジーが洗練されるほどに強まっている。ＡＩとロボット工学の進歩はもっとも緊密なつながりを生み出すだろう。あらゆるテクノロジーがそうであるように、それにも便益と代償があるだろうし、そのうちいくつかの到来は目に見えているいっぽう、まだ地平線の彼方のものもある。だが障害者は最前線にいて、未来はどんなものになるかを――そしてどこで人間が終わり、どこからアシスティブ・テクノロジーがはじまり、あらゆる法的・倫理的な疑問はいつ生じるのかを問うている。オットーからノートをひったくって引き裂いたらどうなるか――それはインガの脳に損傷を与えるのと同じことだろうか？

　これはサイエンス・フィクションが考えるべき疑問ではなく、すでにここにあるものだ。二〇〇九年、身長六フィート六インチ、六十三歳で四肢が麻痺していたあるベトナム帰還兵は、脚と腕の機能的な動きがほとんど失われていたが、あるときマイアミからプエルトリコへのフライトで、航空会社の過失によって移動補助デバイス（彼が全面的に依存している電動車椅子）を破損させられた。*代替品は一年間、提供されなかった。寝たきりでアシスティブ・テクノロジーも持たない彼は介助者を雇わなくてはならず、航空会社にたいして追加費用を請求した。だが航空会社は、それが手荷物受取所で発生した出来事であり、いかなる補償の対象にもならないという理由で支払いを拒んだ。本人を傷つけたわけではない、損傷したのは彼の機器だけだ、と航空会社は主張した――所有者が車内にいなかったときの交通事故を引き合いに出して。だが彼は、車椅子は自分の義肢であり、身体の延長として機能していたのだということと、航空会社はその機器を損傷することで自分を損なわせたのだということを法的に証明し、勝訴した。われわれがテクノロジーと絡み合うほど、人間と人間が依存する機器を切り離すのはますます難しくなる――モビリティとコミュニケーションの機器がなかったら、スティーヴン・ホーキングはどうなっていただろう？

＊彼の弁護士はこの事件を「ケーススタディ——人間と機械の融合（あるいはサイボーグの到来）における倫理的・法的課題」（'Case study: ethical and legal Issues in Human Machine Mergers (or the Cyborgs Cometh)'）という論文で詳述している。

サイボーグがやってくる

雨が降りだして車のワイパーがガッタンガッタンとメトロノームを刻む日で、高速道路を運転していても大時化《しけ》のなかを波を切って進んでいるのとほとんど変わらない。アンディがいまやっている実験について私に話しているが途中で黙り、いったん車を列の後ろにつけ、トラックの車台から巻き上がるしぶきのなかをくぐらせ、赤いブレーキランプの列からべつの車線に出る。

アリスがブラックホールに落ち、ボブがまだそこに入っていないとき、アリスはボブからはどのように見えるか？　それは思考実験なのだが、私には画像でしか思い描けない。アリスは少女で、ブラックホールの外縁に身を乗り出しており、いっぽうボブは想像のなかではアリスの兄で、彼女に戻ってこいと叫んでいる。だがアンディは――このことを説明する口調からして――これをたんなる方程式として見ている（アリスとボブはアンディにとってaとbにすぎず、記号と計算に結びついている）。光の伸縮とかどんな波長のシフトがあるかとか、そんなようなことが問題らしい。数学がイマジネーションにおける言語だというのはわかっているし、頷いて先を促すような相槌を打ってはいるが、彼が使う言葉にひそむ複雑さを完全に理解できる日が来るとも思えない。数時間かけてのドライブで、私は時間潰しのためにアンディの大学のプロフィール欄をスマートフォンで開き、経歴や論文のリストを辿りながら彼の研究分野について尋ねる。私たちは彼のプジョーのクーペに乗っている。彼の大学のキャンパスを出発してまもなく、私はダッシュボードのデジタル画面を指差し、三十五度という表示を見て言った、「間違っているよ――すごく寒いぞ」アンディは（少し傷ついた様子で）壊れているんだ、と言った。古いプジョーで、それが好きなのだった――その感じが。交換部品を手に入れることは難しいが、あたらしい車は欲しくなかった。彼は車内の、壊れているいくつかのものを身振りで示した――ほとんどは電子機器だ。最初にリリースされたとき、それらは最先端のものだった。

アンディはまた黙る。またべつのトラックを追い越すために並んでいる。私は自分たちが少々がたつく一九九〇年代末の宇宙船に乗っているような気がして、ドアの取っ手を強く握る――**発進！**――するとアンディは私たちを渦巻く銀河に連れてゆく。

世界最初のサイボーグを探すために。

理論物理学者と車に乗ってM4を走るようになったいきさつは、道端にいた十歳くらいの少年と関係がある。彼は私に尋ねた、「あなたはサイボーグかなにかなの？」私は微笑んでいつも言うことを言った、「いや、半ロボットだよ」彼は放課後に友達と一緒にいて、みんなが私を笑ったが、実際はそんな奇妙な質問をした少年のことを笑っていた。私は自分がサイボーグなのかどうかがはっきりしなかったので、あとでそれを調べた。

「サイボーグ」という言葉は**サイバネティクス**と**有機体**《オルガニズム》の合体語で、米ソ宇宙開発競争の時代に造られた。科学者マンフレッド・クラインズが、一九六〇年九月号の『アストロノーティクス』誌に発表した「サイボーグと宇宙」('Cyborgs and space') という論文ではじめてその言葉を使う。念頭にあったのは、地球外の世界を探索する方法だ。人類は宇宙に居住可能な環境(宇宙船や宇宙ステーションなど)を作るのではなく、むしろ生存困難な真空で生きていけるように人体のほうをテクノロジーと融合させて宇宙に適応すべきだと彼は主張していた——そうしてこそ、真に自由な探検が可能になるのだ、と。思弁的なきらいがあるが、きわめて実際的で既成概念にとらわれない考えかたであり、しかも発表されたのはユーリ・ガガーリンが宇宙へ飛び出す前のことだ。

だがこの六十年間で**サイボーグ**という用語はさまざまな意味を担うことになった。調査しようとすると、その範囲はアート、コミック、映画といったジャンルに散らばっていった。それは恐怖と希望と怪物たちのひしめく現代の神話になっているのだ。脆い身体から自由になることにまつわる二十一世紀の寓話。科学技術への隷属という忍び寄る脅威にたいする不死のチャンス。狼男の性質も備えた現代のミダース。私は唐突に、能力を高めるために自らを自然の力にからみ合わせようとする祖先たちを思い浮かべた——シャーマンが鹿の革と角を身につけ、炎の周りを踊り、異なる霊的な次元と交信する。サイボーグはそれと同じような、謎の感覚に満ちている。

検索ですぐ出てきたものに〈サイボーグ財団〉があった。視覚効果の豊富なタイプのウェブサイトで、なめらかなグラフィックと映像のモンタージュが組み合わされ、テキストの背景に埋めこまれている（細胞が分裂し、閲覧者はマイクロチップの内部を飛び、そこを抜けるとDNAの二重螺旋があらわれてほどけ、それがフェードしてアフリカの平原があらわれ、さらに宇宙ステーションになり、自転する地球になる）。見事な眺めだ。その前面に置かれている文句はこう――「**われわれの使命は、人々がサイボーグになるのを助け、サイボーグ芸術を促進し、サイボーグの権利を守ることです**」。下にスクロールすると、それぞれのステップが配線図の形で示された**あなた自身をデザインせよ**というセクションがあらわれ、そのさらに下には「サイボーグの権利章典V1.0」があり、そこには「分解からの自由」「突然変異体のための平等」「身体的主権への権利」といった項目が含まれている。これもウェブサイト全体に劣らぬひとつの芸術作品だ。

これはふたりのサイボーグ・アーティスト、ムーン・リバスとニール・ハービソンによって創設された。ハービソンの後頭部にはオッセオインテグレートされたアンテナがあり、彼の頭髪の上で弧を描き、額の前に下がっている（アンコウの誘惑装置を思わせる）。彼は色盲だった――それまで白と黒でしか見えていなかった。アンテナの先端は色彩を感知する光ファイバーで、このインプラントが色彩の周波数を振動に変換すると、それを彼が頭蓋で感じ、聴く。そうやって、たとえばオレンジ色が先端に掲げられると、ハービソンは振動の高低《ピッチ》でその色を知覚するのだ。

彼はこのデバイス――「アイボーグ」――を学生時代に開発し、いくつかの倫理的な見地から拒絶されたあと、それをインプラントしてくれる外科医を見つけた。アイボーグを埋めこんですぐにパスポート更新の時期が来たが、イギリスの旅券局はハービソンが送った人工装具が頭の上にぶら下がっている写真を却下した。最終的には、彼は医師や友人たちの助力も得て旅券局を説得し、自身をひとりのサイボーグとして認めさせ、インプラントは彼の器官のひとつとしてカウントされた。写真は受理され、報道機関は彼を、政府に正式に認知されたはじめてのサイボーグだと宣言した。ハービソンについての記事は相当数あった。史上初のサイボーグであろうとなかろうと、彼がサイボーグのセレブリティになったのは間違いないようだ。

　ムーン・リバスはハービソンの幼馴染だ。サイボーグになるため、彼女は両足にオンラインの地震計と接続するためのデバイスを埋めこんだ。彼女は地球で起きた地震活動を知覚することができる——残りのわれわれが気づかないような小さな波状や振動を。まったくあたらしい感覚だ、と彼女は言う。ロボットや機械に近づいたというよりも、むしろ自然に近づいたと感じる。地球の動きを感じれば感じるほど、彼女の共感《エンパシー》の力は高まる。*

　調査の結果見つけたいくつかの定義によれば、私もサイボーグであるようだ——**有機的な身体部位と生物機械工学的な身体部位を併せ持つ存在……一部が人間であり、一部が機械であるような生物。**そして私がここ数年のあいだに会ってきた障害のある人々のなかには、自分たちをサイボーグだと誇りを持って紹介し、その呼称を自らのアイデンティティの一部として主張する者たちがいた。学術論文をざっと見るだけでも、その呼称があらゆる分野で——人類学、アイデンティティ・ポリティクス、倫理学、社会学、建築学——なんらかの意図や隠喩をこめて使われているのがわかる。植えこみ型除細動器や人工内耳のような医療機器を身につけた人々を「ありふれた《エブリディ》サイボーグ」と呼ぶ論文もある。またいくつかの論考は、人類はあまりにテクノロジーに絡め取られているために、われわれはみなすでにサイボーグだ、と論じている。なんでもありに思えるほど強力な記号なのだ。

「そうだよ、私はサイボーグだ」私も道で会った生意気な少年にそう言えたかもしれない。

だがべつの定義は人間の強化を重視していて（**身体の内部で構築された機械的要素によって、身体能力が通常の人間の限界を超えて拡張された人物のこと**）、それをふまえると私は、リバスやハービソンに当てはまるようなカテゴリーにはまったく当てはまっていないように思える。

その週、私が義父にこうしたことをすべて話すと彼は言った、「世界最初のサイボーグの友人がいるよ。会ってみるといい」

「ハービソンですか?」

「いや、ケビン・ワーウィックだ」

私はアンディを郊外の並木通りに誘導し、彼は一九三〇年代のセミデタッチドハウス〔一棟二戸建ての、英国で普及している住宅様式〕の雨に濡れそぼつ私道に乗り入れる。私はなぜか、史上初のサイボーグがレディング市郊外の生活道路沿いに住んでいるとは思っていなかった。なにを予期していたのかもはっきりしない。きっと、サイボーグの住まいをその通りのほかの住まいと見分けられるとでも思っていたのかもしれない。だがどこを見てもなんの変哲もなく、ありふれた人々の世界に根

---

*直近のふたりのプロジェクトのひとつで、ハービソンとリバスは互いを接続した。両者とも彼らが言うところの「トランスデンタル・コミュニケーション」システム——それぞれの口内に埋めこんだ一本の歯——を持っている。いっぽうがボタンを押すと相手のサイボーグ義歯にモールス信号を送ることができ、その歯の振動によってメッセージをやりとりするのだ。

ざしている――未来がやってくるときにも、過去は消えたりしないのだ。だがたとえそうだとしても、私は神話のいくつかに影響されていささか怖気づいている。大衆文化とサイエンス・フィクションが私の想像を肥大させている――サイボーグとなれば話しにくい人物だろうし、それなりに不活発だったり機械的だったりして、のろくてまだアップグレードが済んでいない人間にたいしては攻撃的で、冷淡でさえあるだろう、と。

実際には、長身で痩せている六十歳くらいの白髪の男が、だぼついたシャツを着てポーチから身を乗り出している。「どうぞ入って」と彼は言って私の手を握り、居間に導く。アンディとケビンが近況報告を終えるとケビンはお茶を淹れてくれ、私たちの向かい側にある肘掛け椅子に座る。最初の印象は、彼は微笑んでいる、というものだ（一緒に過ごした一時間半のあいだ、ケビンは実によく微笑んだ）。のみならずとても生き生きしていて、話すあいだも何度も脚を組み替える。ひたすら実に人間らしく、温かい――勝手に想像していたようなことは一切ない。ケビン・ワーウィックを世界で最初のサイボーグだと呼ぶインターネット上のページはふるいにかけられ、その栄誉をニール・ハービソンに帰するページがとって変わった、と私が言うと、ケビンは笑う――ケビンにとってはどうでもいいことなのだ。

「たしかに私は、ニールがあらわれる前から実験をしていた」と言う。「だが、ニールはそれをパスポートに載せたんだ。すごい男だよ。ときどきイベント会場で会うんだ、同じタイミングで発表をするときにね。ニールのケースは興味深い。彼はサイボーグの定義を変えようとしているんだ。人間の規準を超える特別なものを備えている、というのが、いちばん有用な定義だと私は思っている。ニールは色盲で、インプラントによってそれを克服した。彼の障害にとっては治療にあたるが、それによってニールは、残りの私たちが知覚できない赤外線と紫外線を知覚することができるようになるんだ。面白いよ」

ハービソンがサイボーグ・アーティストを自認しているとするなら、ケビン・ワーウィック博士本人の語り口からして、彼が科学者なのは明白だ。ケビンの最初のサイボーグ実験〈プロジェクト・サイボーグ1・0〉は一九九八年に行われた。シリコンのＲＦＩＤチップの送受信器を前腕に埋めこんだのだ。彼がレディング大学のサイバネティクス学科を動き回ると、チップから発された信号がコンピューターでモニターされる。そうしてドアが彼のために開き、明かりと暖房とコンピューターが自動的に点く。それについて読んだことがあった私は気づくとケビンの手首に傷跡を探しているが、部屋はとても暗い。ケビンは明かりをつけておらず、カーテンが半分引かれて外は土砂降りで、私たちは薄明かりのなかで座っている。この面会において、おそらくこれこそがもっともサイボーグ的な要素だろう——私たちは情報を交わすうえで、ちゃんとお互いが見えなくてもかまわないのだ。

スウェーデンでは約六千人が無線周波数識別装置（ＲＦＩＤ）を埋めこんでいる。そのインプラントは米粒大で、たいていは親指と人差し指のあいだの肉の三角形のなかに挿入される。手を振るだけで店や公共交通機関での支払いを済ませられるし、インプラントを家やオフィスへのキーレスエントリーシステムに設定することもできる。ＲＦＩＤは一九七〇年代ごろからすでにあった。近距離無線通信（NFC）テクノロジーを使っているので、それをサポートしている装置（スマートフォンや非接触ICカードリーダー）であれば、RFIDが近距離にあるときに交信したり、アプリケーションを起動したりすることができる。こうした小型チップはいまではどこにでもある――セキュリティーパス、クレジットカード、有料道路タグ、パスポート。

プロのピアッシング・アーティストにして〈バイオハック・インターナショナル〉のCEOユワン・ウステルンドは、ケビン・ワーウィックについて読んだ（そしてペットに埋めこまれた識別チップを見た）のをきっかけに、その技術を一般大衆のために発展させるアイデアを思いついた。ウステルンドは一回の「インストール」を百八十ドル程度で請け負う。そしてケビンが二十年以上前にまっとうな科学的環境で――人々が期待する厳格で倫理的な承認と原則をすべて備えたうえで――そのコンセプトを証明したいっぽう、メインストリームへの道を目指したRFIDチッピング（マイクロチッピングとも。RFIDチップを体内に埋めこむこと）は、最終的にはピアッシングとタトゥーと身体改造の周縁的な世界に広がることになった。

ボディハッキングは**バイオハッキング***と呼ばれる領域のなかの、いわゆるサブカルチャーに位置している。健康とライフスタイルのマーケットの一分野でもあり、身体はよりよいパフォーマンスのために「ハック」されうる、という考えをかき立てることで注目されている。目新しい流行のほとんどすべてがそこに含まれているのではないかと思える――断続的断食やエキゾチックな響きの専門的なサプリメントで代替するような食事療法。ニュートリゲノミクス（その人固有のDNAに合わせて栄養を調整する）。自然な新陳代謝を促進するために近赤外線の光線を肌に照射する赤外線療法。音声エントレインメント（機能的な音楽を流して脳をリラックスさせ、回復させる）。凍結療法《クライオセラピー》（身体を極めて冷たい空気にさらす）。そしてより広く受け入れられている、瞑想やポジティブ心理学といったものがある。そのなかには強固なエビデンスがあるものもあればないものもあるが、強力なマーケティングツールであるのに変わりはなく、それらの根拠として利用されているのが「ハッカー倫理」だ――いわく、情報は無料でシェアされるべきであり、われわれは自分たちの生をよりよく変えることができるはずで、そうやって権威的な声や見解（それは科学者たちや行政のアドバイス、あるいはエビデンスに基づく調査の結果かもしれない）を疑えるようになる。疑似科学とマーケティング的誇大宣伝を抜きにしてみれば、ボディハッキングの本質は自己啓発と行為主体性であり、健康を制御し、長い、病気のない生涯を送る可能性を広げようとしている。善意に満ちて称賛に値するものだ――もしそれが安全で、エビデンスに支えられているなら。

この共同体におけるエクストリームな門外漢であるボディ・ハッカーたち（バイオ・パンクスとかグラインダーと呼ばれる）は、サイバネティクス機器を使ったり、身体の化学作用や遺伝的性質を変容させたりすることで、自分たちの機能を向上させようとする――いずれも実験的なものであり、地下の実験室で行われる。目指しているのは、手頃な既製品の道具で自身をハッキングして人間の能力を拡張すること――サイボーグになることだ。ＲＦＩＤチップを手のなかに取り付けることは、現在のボディ・ハッキングのコミュニティにおいては比較的穏当な処置である。世界中でさ

*「バイオハッキング」は二〇一〇年のオックスフォード英語辞典の新語リストに載った。

まざまな性格のグループや小集団がＤＩＹの実験を行っており、改造の選択肢は広がっている。われわれはそのどれでも好きなものを選べる（ほとんどはオンラインで購入できる）――音楽に合わせて肌越しに五つのＬＥＤライトでできた円を光らせたければ、〈グラインドハウス・ウェットウェア〉製のかなり心地悪い見た目をした〈ノーススター〉を手の甲に埋めこめばいい。スピーカーやハードドライブから電磁気のひっぱりを感じたり、テーブルの上のペーパークリップを動かしたりしたければ、バイオセンサーを備えた〈デンジャラス・シングス〉製のマグネットを指先に差しこむのがいいだろう。つねに自分の向いている方角を把握しておきたいなら、胸骨を覆う皮膚に〈サイボーグ・ネスト〉製の装置〈ノース・センス〉を差しこめば、北を向くたびにそれが振動するだろう。そしてもしかしたら〈サイボーガズミクス〉にいる人と連絡を取りたいと思うかもしれない――そのウェブサイトには、恥骨に埋めこまれる振動型のインプラント〈ラブトロン９０００〉がまもなく発表される、とある。

　そしてハードウェアには惹かれない向きには、ＤＩＹの合成生物学《シンセティック・バイオロジー》に従事するボディ・ハッカーのグループがずらりとある。最初期のＰＣをきっかけに、趣味人たちによるゼロからのコーディングやハッキングやコンピューター制作が勃興したのと同様、ゲノム編集のあらたな誇大宣伝《ハイプ》がきっかけとなり、ＤＩＹ遺伝子工学が勃興している。オープンソースの技術とどんどん入手しやすくなる装置がそれを後押ししているが、その勃興の可能性を拓いているのはなによりも、細胞内のＤＮＡのシークエンスを特定・削除し、べつのものと置換できる遺伝子編集技術ＣＲＩＳＰＲ《クリスパー》である――かつて専門的な研究所で数ヶ月かかっていたプロセスが、いまや自宅で、わずかなコストで、数日のうちにできてしまう。

元NASAの科学者でバイオハッカーに転じたジョサイア・ザイナーはこの領域で注目を集める数人のうちのひとりで、自身の身体を遺伝子工学で作り替えようとしている。彼は合成生物学学会の壇上で、本人いわく筋肉の遺伝子発現を変容させて腕を強固にするという自家製の薬品を（ウィスキーをひと飲みして）自分に注射した。* それがうまく機能するというエビデンスはなく、むしろいかにもマーケティング的な危険行為のように見える。彼の企業は「遺伝子工学家庭実験キット」を千四百四十ドルで販売しており、そこには自分のゲノムをもてあそぶのに（あるいは暗闇で光るビールを作るのに）必要なものすべてが含まれている。それがあれば、身体の生物学的な指示内容を書き換えることができる——もし自分自身の遺伝的特質をいたずらにもてあそぶことの潜在的なリスクを気にしなければ。

二〇一〇年代に起こったボディ・ハッキングというシーンの拡大が数年間の航海でもたらした影響は、それほど大きなものではなかった。コンベンションは中止されていた。あたらしいデバイスと治療法も開発と財源が障壁となり、予告されたほど早くは市場に出ていない。そして最初の世代

＊彼はまた、自身のマイクロバイオームを取り替えようとしたこともある（彼は過敏性腸症候群をわずらっていた）。まず無菌状態のホテルの一室で皮膚と内臓からすべてのバクテリアを取り除き、知人のマイクロバイオームを代わりに移植したのだ。これの意味するところは、彼が知人の皮膚から採集した培養菌を自分に擦りつけ、知人の糞便を摂取したということである。

のインプラントは、動かなくなったり欠陥が見つかったりして取り除かれていた。RFIDインプラントを望んでいる人の数は減っているようだ——あとに続こうという人々が初期の適用者たちに群がっている様子もない。パンデミックと政治も関係しているかもしれない。安全性と不正と個人情報詐取を懸念する政府が規制を強めている。一般的なレベルでの不信感も広がっており、その疑念に火をくべているのが、ワクチンの集団接種プログラムは管理と国家監視のためにわれわれ全員を登録するための口実である、という陰謀論だ。

テクノロジーそのものも無関係ではない。ようするにまだじゅうぶん有用とは言えないのだ。たしかにそれがあれば、スウェーデンの輸送網による移動はわずかに早まる。たしかにRFIDインプラントを落として失くしたりすることはない。エコだと言う人もいる——少ないクレジットカードは少ないプラスチック消費を意味する——が、しかしインプラントをアップグレードするのは簡単ではないし、不具合があってもすぐには修理できないし、取り出すのは挿入するよりもはるかに難しい。(皮膚のすぐ下にあると思っていた榴散弾《りゅうさんだん》の破片を取り出そうとしたことがあるが、手を付けてすぐにやらなければよかったと思った。それは想像していた以上に深くにあり、想像以上の痛みをともなった。)

一台のスマートフォンがあれば、RFIDチップができることすべてかそれ以上のことができる。人間の強化は、いまなおウェアラブルなもののほうがたやすい。スマートグラス、人工装具、外骨格スーツ、健康とフィットネスのモニターといったものはどれも、必要に応じてアップグレードしたり取り外したりできる装置だ。一式のソフトロボット服——ボディスーツ——を想像してみよう。

それはあるインプット（たとえば歩いている場所の空気の汚染率が上昇しているという警告など）に反応してあなたの皮膚の機能を活性化することができる。この服に縫いこまれた人工筋肉が、あなたが歩いたり走ったりするのを補助する。心拍数と血圧と活動レベルを記録し、なにか不具合があったり、その日にもっと食物繊維を摂取したりもう一杯水を飲んだりするべきであるときは知らせてくれる。暑い地下鉄構内にいてもあらかじめ設定した温度を保ってくれる。身体の動きからエネルギーを取りこむので充電の必要もなく、一日の終わりには取り外して洗濯機に投げこむことができる。ウェアラブルな機器がインプラントよりも安全で、アップグレードも容易で、より効果的な解決策を提供できるなら、身体を永久に変容させる必要はあるのだろうか？

「RFIDのなりゆきには驚かされたよ」とケビンは言う。「私の実験は二十年以上前だ。そのときは、それがパスポートのような用途ですぐに採用されると思っていた。長い行列を速く進ませるのに最適だと思っていたんだが、そうはならなかったね。スウェーデンではそれで電車賃を支払えるが、ほかの用途はそれほど多くない」

「私たちのほとんどはいずれなんらかのインプラントを持つようになると思うんです」と私は言う。こんなのは、彼が聞きたいだろうと自分が思っていることを口にしたにすぎないのではないか、と心配しながら。だが私はほんとうにそう信じている——腕のなかで少量の経口避妊薬を供給するマッチ棒サイズのインプラントや、胸のサイズを大きくする美容インプラントや、「ありふれたサイボーグ」たちがすでに使っている、心臓をチェックし、インシュリンのレベルをモニターし、末梢疼痛を和らげるために使っているあらゆる医療健康デバイスがある現在から見て、だれもがインプラントを持つ世界はモラル的にも感情的にも遠いものではない。私はたしかに思っている、いずれ技術的な産みの苦しみは乗り越えられ、私たちは体内に埋めこまれた生体認証センサーと外的なウェアラブルデバイスが混ざり合った生活に乗り出すだろう、と。だがそれがどのくらい早く実現するかということについては、ケビンよりも慎重かもしれない。

肘掛け椅子に座り、背後の窓から差しこむ光を後光にしているケビンには、預言者めいた雰囲気がある。彼はわれわれに未来を見せ、私たちが自分のところまでついて来られないことに驚いている。ケビンは足を組み直す。「ふたつめの実験は――アメリカで行われ、麻痺のある人々にたいして、ひとつめとは異なる方法で実施された。ひとりの女性は自力で食事ができるまでになったんだよ。だがすべてはまだ実験段階で、実験室内に限られたものだった。いまごろにはもっと先に進んでいると思っていた。さらにもっとハイブリッドにね」

〈プロジェクト・サイボーグ2・0〉はＲＦＩＤチップ出現の数年後にあらわれた。ケビンはこの実験ではケビンの神経システムを物理的にコンピューターに接続する。（ＲＦＩＤが受動的なのにたいして、〈ブレインゲートＢＣＩ〉の電極列を左腕の正中神経に挿入した。）神経インターフェースを使うことで、ケビンはレディングの研究室のなかで電動車椅子を制御し、ロボットハンドを開いたり閉じたりすることができた。それからニューヨークのコロンビア大学にも飛び、同じロボットハンドをインターネットを通じて制御し、ロボットの指先にあるセンサーから神経刺激のフィードバックを受けた。この実験は現行の多くのＢＣＩ研究の先駆となった。それはやがてティボーに外骨

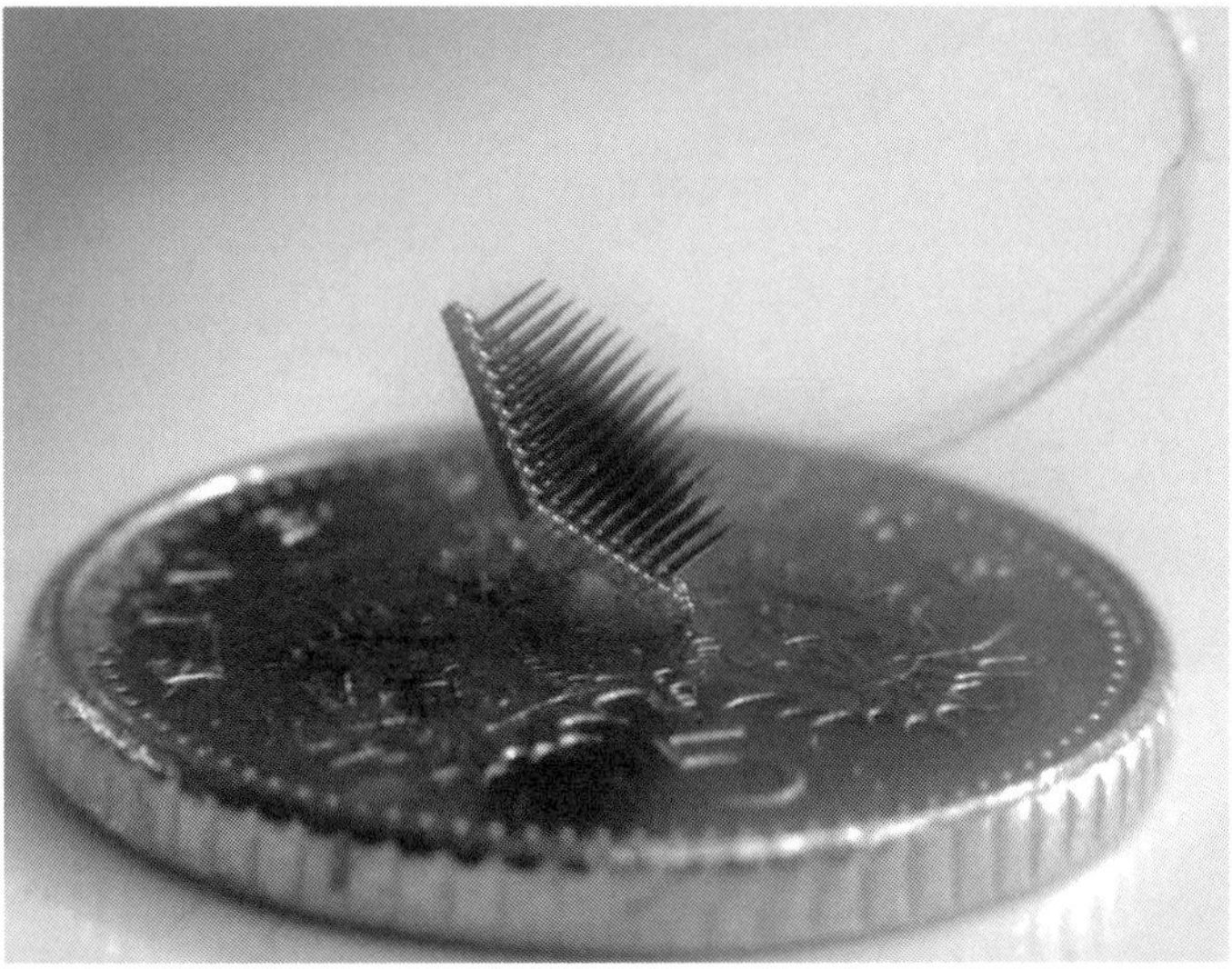

〈プロジェクト・サイボーグ 2.0〉でワーウィックが腕に埋めこんだ電極アレイ．

格スーツを制御させ、麻痺者の動きを回復し、神経活動を話し言葉と書き言葉とタブレット・コンピューターの制御に翻訳する——閉じこめ症候群の患者たちの人生を一変させうるものだ。

ここへ来る道中の車内でアンディに、科学者たちからのケビンの評判について尋ねていた。ケビンが**一匹狼**であり、彼の実験は**エンターテインメントにすぎない**と評するいくつかの記事を私は読んでいた。ケビンの実験の様子をおさめたいくつかの写真と、外科手術のクローズアップと、テレビ番組のSFセットのなかにいるかのような、インターフェースを備えた灰色の手首覆いをつけた彼の姿も見ていた。そのころのケビンがビデオやインタビューで使っていた煽情的な言葉遣いはアカデミックな場所で期待されるものとは異なっていて、それを聞いた同業の人々が彼を攻撃したくなるだろうというのが私にもわかった。アンディはそれをフェアではないと考えていた。エビデンスに基づき、中立であることが肝心な現代科学からすると、自分自身を使って実験をすることがつねに議論を呼ぶのは確かだ。「でもケビンがやったことはサイボーグ実験以上のものだろう?」

このアンディの言葉に答えるようにケビンは言う。「私が世間の注目を必要としていたのは確かだろう——資金調達の後押しになったし、自分がやったことを説明するときには一般の人たちにも理解できる言葉を使うのが大切だと思っていた——でもなによりも私は、科学のためにやってきたんだ。私が危険な状況に陥ることがだれかの気分を害するとしても、それがなんだというんだろう——もしそれで盲者の視力を向上させたり、麻痺者がまた歩けるようになったりするための知見を増やせるなら?」

「その通りですね」と私は言う。

「すべてに意義がなくてはならなかったんだ」

当時のマスコミが気に入っていた論争と「キャプテン・サイボーグ」という見出しにもかかわらず、この姿勢がケビンと、実に頻繁に彼と纏めて言及されるアーティストや愛好家やボディ・ハッカーたちとを画している。彼の研究のほとんどすべてが、障害者の生活を向上させるためのものだ。キャリアの初期からケビンは、障害者の補助手段を作るためにロボット工学とコンピューティングを使っていた。患者が改善するにしたがって補助機能が徐々に減ってゆく歩行器。固定電話で簡略化した手話を送るシステム。てんかん発作を感知して自動で排水する浴槽。いかに論争を呼ぶ人物だとしても、二〇〇〇年の王立研究所の〈クリスマス・レクチャー〉に講演者として招かれて「ロボットの出現」という題目で講演したのも彼であり、その経歴には受賞と叙勲と名誉博士号の長いリストがある。

〈プロジェクト・サイボーグ2・0〉の実験には魅力的な部分がたくさんがあるが、ケビンはさらに先へ進みたがっているという印象を受ける。（私が義足についてしょっちゅう尋ねられることにうんざりしているのと同じだろう。サイボーグ実験はきっと、まるでそれが彼のすべてであるかのようについてまわるものなのだ――中々すりへらされることに違いない。）そして当然ながら、彼がいままさに取り組んでいることに話題が移ると、ケビンはさらに活気づくように見える。

「AIはほんとうの魔法だよ」とケビンは言い、脳深部刺激療法のデバイスから得たデータを使ったパーキンソン病の研究を説明する。「DBS電極は脳に電流を流すことで震えを止める。だがそれだけでなく、なにが起こっているかを知るためにそこから電流を読み取ることもできるんだ。

われわれは脳のモデルを作るのにＡＩを使って、いつ震えがはじまるのかを予測しようとしている――早期警告システムを作ること、それがゴールだ。しかしＡＩが面白いのは、分類の力だよ。医師たちにとって、その人が罹りうるパーキンソン病のタイプを診断するのは難しい。彼らにわかるのは、その患者には疾患が現にどのようにあらわれているかということだけだ――そしてだれのどんな震えも、ほとんどまったく同じに見える。でも、そうした症候を引き起こす脳の信号は実際は多様で、まったく異なる状態であることもありうるんだ。人間としてのわれわれの視野には限界があり、知ることができるのは外面的な世界でどんなふうに見えるかだけだ。ＡＩが、私たちでは知りえないサブグループに信号を分類することができるのがわかった。それを使えば外科医はもっと適切な処置を行えるようになる。神経系の問題においては、自分たちが理解できないことを人為的に単純化するのがつきものだ。だから『これはパーキンソン病だ』などと言うのだが、実際はいくつかの異なる事象のうちのひとつかもしれない――認知症のような疾患の一部が重なり合うこともある。ＡＩはより適切な診断を助けるんだ」

パーキンソン病研究についての議論はまた未来に向かう。「今後どうなるかを完全に予測することはできない」とケビンは言う。「ＡＩがパワフルなのはそれゆえだ。だが同時に、これは管理についての問題を生み出す」彼は見えないあやとりを引っ張るように両手を離す。「ＡＩの恩恵は、それが私たちに反抗する可能性も開くんだ。とても危険なものになりうると私も思う」

私たちのほとんどが、ＡＩが強力なツールであるという感覚を抱いている。医療現場では、それを使ってパーキンソン病の震えのはじまりを予測したり、糖尿病患者用のインプラント式ポンプのインシュリン投与量を最小限に抑えて長持ちさせたりしている。とりわけイメージ分類のタスクにすぐれており、写真から皮膚がんを、マンモグラフィから乳がんを、網膜画像から眼病のはじまりを特定することができる（ファイサル博士のＡＩ臨床医はＩＣＵでの治療を助けている）。Google の〈ディープマインド〉が開発したＡＩ「AlphaFold」（AlphaGo の末裔）は、アミノ酸の配列からタンパク質の形態を三次元で予測し、生物学における最大の問題のひとつを解決する手助けをしたが、いずれはほかの多くの科学的領域にも革命を起こすだろう。研究者にとっては恐ろしく強力な分析ツールであり、人間だけでは処理するのを望めないほど大量のデータから知見を引き出すのを手伝ってくれる。

われわれはまた、ＡＩの限界を感じてもいる。現在のＡＩ医師のなかには平均的な中堅医師より優秀なものがあるいっぽう、最良のベテラン医師をしのぐことはできない――つまり、未来の医師がＡＩに頼りすぎると、エキスパートになるのに必要な経験を積めなくなるということだが、そうなると私たちはどうなるだろう？　そして忍び寄る不確かさもある。もっとも進歩したＡＩは私たちがタンパク質の形状を把握するのを助け、自動運転車を走らせることができるが、それらのシステムはいまや――ディープラーニングによる――きわめて複雑なものになっており、ＡＩをデザインした当人たちが、ＡＩがどのように、なぜひとつの答えに到達するのかを理解するのに苦労し、当惑させられている。次なる問いはこういうものではないだろうか――ＡＩはいつかわれわれの知性をしのぐのか？　規範から逸脱し、われわれの脅威になることはあるだろうか？

人類を一掃するコントロール不能なＡＩという考えを、過剰反応の金切り声と片づけるのは簡単だ——そんなはるか先の心配に煩わされるべきではない、と。だが世界でもっともすぐれた頭脳の持ち主が私たちに警告するなら、耳を傾けるべきだろう。スティーヴン・ホーキングは亡くなる直前の二〇一七年にリスボンのウェブ・サミットで講演した。「ＡＩはわれわれの文明における史上最悪の発明になりえます」と彼は語った。「強力な自律型兵器や、ひと握りの人間が多くを抑圧するあらたな方策といった危険をもたらすかもしれません……ＡＩはそれ自身の意思を発生させる可能性があり、その意思は私たちの意思と衝突し、私たちを滅ぼしかねません。つまり強力なＡＩの出現は、人類に起こる最高の出来事にも、最悪の出来事にもなりうるということです」

「スティーヴン・ホーキングのような人たちの見解には同意する」とケビンは言う。「私たちは未来を見つめなくてはいけない。でも正直に言うなら、ＡＩがどんなふうに人間を向上させるかが、私にとってなによりも刺激的なことなんだ。私たちは二十年前に神経系——脳——をリンクさせてロボットハンドを制御できることを示した。もし神経インプラントを介して人間の脳をＡＩとリンクさせることができたら、人類はまったくあたらしい情報と経験の領域にアクセスすることができるだろうし、そのときこそ、人類がＡＩをコントロールする最大のチャンスになるかもしれない」

私は気づくとケビンに、かつて友人と交わした議論のことを話している。私たちはイーロン・マスクの会社〈ニューラリンク〉について話し合っていた。そこで開発が試みられていたブレイン・マシン・インターフェースは、電極をそなえた極細の糸《レース》で、脳に多数埋めこむことができるようなものだ。短期的なゴールは（ケビンが使っていた〈ブレインゲート〉のような）ＢＣＩのアップグレード版で、麻痺患者や神経障害者の治療に役立つ機能が向上しているはずだ——しかし〈ニューラリンク〉が開催したイベントでマスクは、**足並みの揃った未来を創造する**という箇条書きに沿って、人間とＡＩの協働を実現することができるデバイスについても語っていた。「ＡＩをめぐる穏当なシナリオにおいてさえ、われわれは取り残されることになっている」とマスクは言った。「だが高帯域のブレイン・マシン・インターフェースがあれば、われわれはそれに追いついていくことができるだろう」

　私は技術的な、また生物学的な課題があまりにも多いということについて、友人に一歩も譲らなかった。友人は言った——そうだな、でもそんなものないつもりで進むんだよ。それで私は人間性と倫理について、私たちがいかに身体を神聖なものとして保っていたいと思うかについて、いかに世界のなかに自分の場所を感じたいと思うかについて、喋りつづけた。だが友人は反論した。もしぼくが五万ポンドはするニューラル・レース〔ニューラルリンク社のＢＭＩ〕を子供たちに買ったことで、その子たちがきみの子供たちより陽気で知的で健康になり、トップの大学に入っていい職について、幸せな生活を送ったらどうする？　自分の子供にも「レース」を埋めこみたいと思うんじゃないか？　私がまっさきに考えたのは五万ポンドのことと、ほんとうに人間をアップグレードしてしまうかもしれないテクノロジーの恐ろしさだった——あらゆる社会的な不平等をもたらす可能性と、それが引き起こしうるダメージの恐ろしさ。だから、ぼくらの生活にすでにあるテクノロジーのほとんどと事情は変わらないのさ、と友人は言った。彼はポイントをついていた。実に多くのテクノロジーが私たちの生活をよくしてきたが、同時に不平等を生み出してもきたのだ——彼と並んで歩くために私が履いている義足など、その最たるものだった。

「適用することに抵抗できなくなるときは来るものだ」このことについてケビンは言う。「目のレーザー手術や、最初のＤＢＳデバイスのように。どれも三十年前は倫理的に許されず、危険だと考えられていた。携帯電話だってそうだ――信号が身体を通過するのをだれもが恐れていたし、実用的ではないと言われていた。だがいまやだれもが携帯電話を持っていて、信号のことも気にしないが、それはテクノロジーがあまりに強力だからだ。神経インプラントもいずれは同じようになるだろうと思う」

ケビンは超人間主義《トランスヒューマニズム》という思想運動にゆるやかに加わっている。人間の限界を超越しうるテクノロジーの恩恵と危険を探究する思想だ。運動の核には、あらゆる障害と病と老化がいつか消え去るという可能性がある――いつかの未来にわれわれは、進化によって与えられた、脆弱で、お粗末にデザインされた身体から解放されるだろう、と。ボディハッカーたちが、未来を待てずに手持ちのもので自身をアップグレードしようとする草の根の兵士だとすれば、ケビンやイーロン・マスクのような人々は行き先を示すこの運動の空飛ぶ司令官《スカイマーシャル》だ。

いまでは四版まで改訂されているナターシャ・ヴィタモアの「トランスヒューマニスト宣言」（'Transhumanist Manifesto'）によれば、「老化は病である……人体と脳の拡大および強化は生存に欠くことができない」。目指すは長寿、あるいは不死でさえあり、そこでは遺伝学とウェアラブルデバイス、そして人間とコンピューター間の相互作用によって「人間という種は変容し、テクノロジーとともに進化を続ける」。トランスヒューマニストたちにとっての希望の一瞬――いわば彼らの「インデペンデンス・デイ」――は**シンギュラリティ**、つまり機械の知性が自己改善して人間の能力を凌駕しはじめるある未来の時点である。われわれがテクノロジーとの共生に突入するときに新時代がはじまり、私たちの知る人類紀元は終わりを迎える。

そしてこのときこそ、ポスト・ヒューマン・サイボーグが、ケビンのような人々にとってきわめて刺激的なものになるという。それは人間が超知能を持つ機械と融合する可能性にほかならない。この共生状態に期待されるのは、私たちの複雑な人間的価値観と人間による管理がシステムに持ちこまれ、AIが危険なものになるのを防ぐことだ。人類はいま直面している多くの課題（貧困、食糧難、エネルギー問題、気候変動――そしてもちろん加齢と病と大量死）を解決することができるだろう。人間は損傷をこうむる肉体から解放されるだろうし、障害もなくなるだろう――テクノロジーによって解き放たれ、われわれを苦しめている社会的、宗教的、政治的な偏りと不平等を乗り越えることができるだろう、と彼らは言う。

「では、もしできるとなればご自身をアップロードされますか？」と私はケビンに尋ねる。（シンギュラリティがもたらす可能性のひとつに、私たちの精神を人工の超知性的な回路基盤というべきものにアップロードする、というものがある。現在は肉体の一部である生身の脳を、より不具合やクラッシュを起こしにくいものと取り替える行為とも言える――サイボーグ計画の最高到達点ということになるだろう。たとえ仮説にすぎないとしても、私はその考えに不気味なものを感じる。）

彼は微笑み、「ああ、するだろうね」と言う。それから、大きな互換性の問題があることを認める。われわれはまだ脳の機能をはっきりと解明できていないのだから、それは難題に違いない。だがケビンは、人間が機械と交信できることを〈プロジェクト・サイボーグ2・0〉ですでに証明している。次いで彼は、生物学的・技術的な課題のいくつかに対応策（もしくはそれを凌ぐもの）を提示する。いわく、トランジスタは人間の生物学的ニューロンの数倍の速度で活動し、信号が神経系を一秒間に約百メートル進むのにたいして、電子システムのなかの情報は光の速さで進むのだ。われわれが肉体に制限されなければ、機械の回路基盤は脳よりもはるかに巨大なものになりうる。

私はケビンから〈プロジェクト・サイボーグ〉実験のマイナス面やリスクについての言葉を引き出そうとしていた――私のなかに、病院でケーブルと管が襲いかかってきたときに感じた人間性の喪失を、彼に認めてほしい気持ちがあった。自分自身の身体との断絶、感染症のリスクと手術の危険を。だがケビンは誘いに乗らない。

「いち科学者として言えば、私たちのやっている実験にネガティヴな要素があるとは感じていない。神経系に電極列を放つことは、私にとっては完璧な結婚のようなものだ。瘢痕の繊維組織が電極を適切な場所で支えれば――むしろよりよい接続を実現するだろう。たしかに奇妙なことだとは思う。私にできるのは、それをあくまで科学的に考えることだけなんだ」

それからケビンは、神経系が身体の境界外に届き、ネットワークに接続され、やがて他者の精神とつながるという考えがいかに刺激的かを説明する。そうなれば、隠れたニュアンスや話し言葉の矛盾が一切ない、ほぼ即時のコミュニケーションが人間間で行われるかもしれない――われわれはお互いを完全に理解し合うのだ。（お互いを完全に理解し合うことがほんとうによいことなのかについての確信が私にはないが、それについては口をつぐむ。）

「実際、自分の脳を他人の脳に参加させるという実験はやってみたいと思っている」とケビンは言う。

自分自身をアップロードするとか、他者に自分を接続するといった話題になると、ケビンの声に科学的探究の興奮が宿る。彼はそうした考えに基づいてこれまでの仕事を成し遂げてきたのだ、とも言える。だが、人間が変容して不死にいたるというトランスヒューマニストの願いにはいささかぞっとする。私はかつて死に近づいたし、死んでいたかもしれないし、その痛みと孤独にはぜったいに戻りたくない。もし不死というものがそうした災難をふたたび体験しなくていいということを意味するなら、不死になれる機会を希うべきなのかもしれない。だがそれでも私はなぜか、死は意味のある生にとって重要なのだという感じを抱いている――たとえ話が喉まで出かかる。不死の人生は結末のない物語のようなもので、その物語のどの部分も、結末という文脈なしに意味は持ちえないのだ、と。だが、ケビンの自宅の居間に座りながらこれを口にすることはとてもできないし、こんな言葉では、彼が差し向けるどんな科学的な精査にも立ち向かえないだろう、と思っている。

サイボーグとトランスヒューマニストの夢を、ある限られた視点から――選択肢もなくテクノロジーに頼らざるをえなかった人間として――見ていることはわかっている。そして私にできるのは、テクノロジーとの完璧ではない関係と、機械に依存していることによる不安を受け入れることだけなのだ。トランスヒューマニストが身体からの解放と変容を語ると、私は眉をひそめる。私に見えるのは摩擦とただれと、滲み出す体液と感染症だけ、願ったように動けない焦れったさと、機械に頼っていることとの不安だけだ。ハードドライブにアップロードされた知覚力のある存在がどんな苦痛や不安や焦れったさを抱くのか、私には想像できない――顔に当たる雨粒や、ソファでみんなで一緒にハグし合うときに身体の底から感じる「家族」を、もう二度と感じられなくなるのも想像できない。いつか、自分の一部となった機械が壊れたりクラッシュしたり（もしくは感染症を起こしたり）してそれなしで過ごさなければならなくなったとき、私たちはいまの私たちに想像できないような仕方で苦しむことになるかもしれない。とりわけその機械が超知性を持ち、想像を絶する経験と自由の領域に私たちをアクセスさせるようなものなら。

やがて私たちは車内にいて、ケビンが手を振って見送っている。この雨と渋滞のなかをロンドンへ戻るのは長旅だ。アンディと喋っているが、沈黙がおとずれるとケビンとのやりとりに思いを巡らす。彼の話していた〈プロジェクト・サイボーグ〉の実験のひとつで——大々的に報道するには奇妙すぎると思われたようだが、と彼は笑う——ケビンは自分の神経系を〈ブレインゲート〉のインプラントを通じて妻イレーナのそれに接続し、ふたりの人間の直接的で、完全な電気的コミュニケーションをはじめて達成した。彼の運動神経が発した信号が彼女の脳に移動し、彼女が「てのひらから中指のなかを上っていく稲妻」を感じるにいたったのだ。著作のひとつ『私は、サイボーグ』（*I, Cyborg*）のなかでケビンは、結婚生活は破綻しかけていたが、実験のあとで自分たちはいままでになく親密になった、と語っている。「私たち以前のいかなるカップルも経験していないなにかを経験したのだ」。べつの人間と接続する機会があったとき、ケビンは相手として研究助手のひとりではなく、妻を選んだ。

サイボーグとトランスヒューマニストの計画の多くが、いささか冷酷で科学的で、ときには黙示録的でさえある未来を豊かな想像力で思い描くいっぽう、そのうちのかなりの数が、未来における人間と機械の共生によって人間性が損なわれることはないと主張する。たしかにそれは、人間同士のつながりと自然の世界とのつながりを深めるかもしれない。そのことには希望が持てる――彼らの夢の多くは障害者たちの夢でもあるのだから、彼らがそこに立ち、倫理的・技術的な可能性の境界を押し広げているのを、私はありがたいと思っている。

だが、そうした発展がすぐそこまで来ていると語る彼らを、いささか気が狂っているのではないかと考えるのも難しくない。私にはそれほど簡単には思えない――私たちは義足を満足に取り付けるという課題にさえ苦労しているのだ。私は義足のことで過度に悲観的になっているのかもしれないし、テクノロジーは発展して思いもかけない答えを提示するだろう、とも思っている。そういうことは過去に何度もあった。未来派が予測したより多少時間がかかったとしても、最後には辿り着いてきた。そして私は、人間と機械の共生においてなにが可能かを探る前衛にいつづけるのは、やはり障害者であることが多いのではないかと思っている*――そのリスクを引き受けるのにじゅうぶんなだけ、身体がすでに損なわれているからだ。

もしそのプロセスが私の経験と多少とも通じるものなら、その過程で私たちを人間たらしめてい

*ピーター・スコット・モーガンは運動ニューロン疾患の診断を受けた科学者で、外科手術とロボット工学と人間拡張技術《オーグメンテーション》とAIを利用してサイボーグになり、末期的疾患の診断に戦いを挑んだ。衰える身体を実験所にし、サイボーグ・テクノロジーで寿命を伸ばす実験を行ったのだ。チャンネル4のドキュメンタリー『ピーター：ヒューマン・サイボーグ』で彼のストーリーを知ることができる。

るものは失われないという希望はある。私はほとんどの点において、義足のせいで人間性が損なわれていると感じたことはない。自分がサイボーグだとかロボットだとか感じたことも、やはり、ない。感じるのは、歩くことができて、立つことができて、子供を持ち上げることができて幸運だ、ということだ。

ケビンと会ってから数週間経っても、かすかな動揺が残っていた。身体は最適ではない入れ物であり、アップグレードを必要としている、という考えへの動揺だ——やがて気づいたのは、死を乗り越えるためにテクノロジーを使うべきだという考えが、なによりも心をざわつかせるということだった。なぜ自分がそういった野心に賛成できないのかがわからなかった。そしてある眠れない夜、脳の深部でいくつかのつながりができて、私はずっと探していたものを思い出し、スマホを取って検索し、その番組を見つけた。

それはBBCラジオ4の番組『デザート・アイランド・ディスク』のエピソードで、去年の夏に繰り返し聴いていたものだった。ホスピス運動の発起人、デイム・シシリー・ソンダースがインタビューを受けていて、最後に尋ねられるのだ——人生の終わりにさしかかった多くの人々の世話をされてきたわけですが、ご自身の死はどのようでありたいと思いますか——長引かない、苦痛のないものでありたいですか？「いいえ」と彼女は答える。「私は、ありがとう、と伝える時間があればと思っています。ごめんなさい、という時間が必要な人もいれば、自分自身のことやほんとうに大切なものを整理する時間が必要な人もいて、そうやって最後にようやく辿り着くのかもしれませんね……そう、これが私で、これでいいのよ、と言えるところに」

怪物たち

私はいま変容している。肌は青白くなり、歯は尖って牙に、髪は硬くなって針になる。目は色が暗くなって吊り上がり、頬骨は突き出て眉はひそめられ、グロテスクなしかめ面になる。私は怪物だ。恐怖で震えている。ほかの者――兵士たち――が整列し、私は彼らと一緒に通路を進み、ひとりで自分の持ち場に行って出番を待っている。そのときが近づくと聞き慣れた太鼓の音が轟き、私は慄く。そして闇のなかを這い、舞台に足を踏み入れ、腕を鉤爪《かぎづめ》のように曲げ、召喚を命じられていた怪物の、誇張されたパロディの姿をあらわす。感情も活力もない。強烈な光の輪に照らされ、その光輪と眩さの向こうに観客たちの凝視があって、私はこわばる。スポットライトの真ん中で、顔に塗られた塗料は熱い皮膚と化す。その仮面越しに目を見張りながら、仮面が表現しようとしているとのなにも感じない――十歳の少年以外にはなれないのだ。私は**兵士3**を襲い、それから**兵士4**と**6**と**1**を襲い、ボール紙の盾をはじき飛ばす。彼らは私の足元に倒れる。私はあとでもういちど舞台に戻ってゆき、**ベーオウルフ**が私を倒す。

メイク係に顔の化粧をぬぐってもらって衣装を着替えたあとにホールで両親と会い、彼らに教師たちとのおしゃべりをやめて家に連れ帰ってほしいと思う。恥ずかしくて混乱していた。私は**兵士5**になりたかったが、もらった役は**グレンデル**だった。

オリジナルの『ベーオウルフ』のテキストは、奇怪なものたちをあらわす古英語のフレーズをふんだんに使ってグレンデルを描写している。現代の批評家や翻訳者がよく言及する言葉に「wiht unhælo」がある。「wiht」は「化物《クリーチャー》」と訳されるのが一般的だが、「unhælo」はもっとはっきりしない。「邪悪な」とか「不浄な」と訳されることもあり、それに従えばグレンデルは「不浄な化物」となる。だがアングロ・サクソン語の「unhælo」は「障害」にもっとも近い単語だということがわかっていて、病と先天的な性質によって美観が損なわれている状態を指すという。この読みにしたがえば、グレンデルは「病という存在」とか「健康ではない存在」ということになる。こうした神話における怪物の発想源は魔術的な獣などではなく、もしかしたら障害のある人間、見捨てられて悪しきものとされた存在——恐怖と嫌悪の象徴なのかもしれない。

怪物的なものは昔からさまざまなものを暗示していたが、たいていはわれわれの理解を超えた、恐ろしいもののあらわれだ——われわれが危険地帯《ヒア・ビー・ドラゴンズ》と記した地図の未踏のへりにある、遥かな土地とそこに住む異邦人たちのことであり、ふるまいも見た目も違う者たちのことであり、魔女とみなされたレズビアンたちのことであり、なにかの前触れを告げる奇形の赤ん坊のことであり、われわれがまだ理解しきれていないテクノロジーのことだ——それは人類の不安のメタファーだったのだ。われわれはいまでも怪物たちを創り出している。それはトップニュースになるような凶悪犯罪者だったり自然災害だったりする。巨大《モンスター》な台風。恐ろしい《モンストラス》ウイルス。極悪非道《モンストラス》な連続殺人鬼や小児性愛者。私たちは文化と社会にたいする脅威を怪物に変えることで、怪物がわれわれの恐怖を演じるのを、安全な距離から見ることができるようになる。これは脅威から自分たちを切り離して他者化する方法であると同時に、自分たちに向けられた鏡に映る怪物を追い出す方法でもある。

グレンデルになるのは、十歳の私にはあまりに難しいことだった。リハーサルのあいだ、自分自身から抜け出して怪物を演じていた短いひととき、私は危険なことをやっていると感じた、自分の一部を失うのではないか、と。最後まで私は劇にまったく貢献できず、監督——本稽古のあとに私を隅に連れ出して激励し、自分の作品を躍起になって救おうとした英語教師——は聡明にも私の出番のほとんどにストロボライトを使うことにし、涙を浮かべた不器用な十歳の少年は、ぎこちなく振り回される両腕と倒れる兵士たちの明滅する静止画のなかで凍りついていた。私は二度とステージに立たず、それ以降の学校演劇のプログラムのなかに自分を探すと「照明助手」か「裏方2」のところにいた。

　両足を失ったときにも同じ気持ちになった。また十歳の少年になり、怪物的な姿になって、立ちたくない舞台に立っていた——参加していたくない劇の主役になっていた。これからなにが起こるだろう、私の身に起こった変容を見よう、とみんなが見つめていた。来訪者や手紙や葉書や報道記事、だれもが**ハリーはどうしてる?**と尋ねている。そういう認識が私をひどく熱いスポットライトの真ん中に押し出した。私はまたもや**グレンデル**だった、障害のある身体を持つ「病という存在」

だった。ひとりにしてほしかった——その劇が終わるまで。

グレンデルと**カジモド**と**フランケンシュタインの怪物**について検索してみたことがある——「ぞっとするような奇形の忌まわしい姿、人間と同じ性質のものでさえない」。フランツ・カフカのグレゴール・ザムザ——『変身』で不穏な夢から目覚めたら変形していたセールスマン——が、私の経験に一番近いかもしれない。ある日起きたら怪物じみた昆虫になっていて、仰向けのまま、ひょろ長い脚が「なすすべもなく彼の目の前で」のたうち、寝返りも打てない。かつてそうであったような自分ではないという奇妙な感覚が、やがて周囲から自分を切り離していく。

障害にともなういくつかの現実的な影響が、私を周囲から切り離した。一番はっきりしていたのは、愛着のあった仕事をもうできない、ということだった。戻ってまた役立てるかもしれないという短命な夢想はあったけれど、心の底ではもう兵士には戻れないとわかっていた。このことは、ほかのなににもまして決まりの悪いことだった。私は運がいいということになっていた——幸運はすぐれた兵士に備わる基本的な性質だ——でも不運だろうとなかろうと、私は間違いを犯したのであり、それはプロフェッショナルとして恐ろしく決まり悪いことだった。やがてそれを乗り越えた——解放感さえあった。やりたいことはなんでもできるようになった。だが決まり悪さは奥深くに沈んでいて、私自身にまつわるほかのさらに難しい側面とつながっていたのであり、それと折り合うのにはさらに長い時間がかかった。私が決まり悪さを感じたのは、自分の身体の変化にたいして（そう、私ができなくなったことにたいして、私が他者に感じる依存にたいして）と、なによりもその見た目にたいしてだった。車椅子に座っているということ、義足をつけているときの不自然な歩きかた。ある友人はそれを見て「けつの穴にニンジンを突っこまれているみたいな歩きかただな」と言った。当時としてはまったく罪のない、面白おかしいからかい文句で、私も笑ったけれど、それは心に刺さった杭になり、忘れられたことは一度もない。普通に見える歩きかたができるようになるまでに大変な努力をした。私が世界に投影していた自分のイメージとキャラクターはなくなっていて、そうしたことすべてが、大抵の二十六歳が抱える不安と結びついた——私に欲望してくれる人はいるのだろうか？

他人に見てほしい自分のペルソナが損なわれたときに生じる感情が決まり悪さなのだとすれば、私はそれに何ヶ月も、何年も浸されていた。あたらしい身体とそれがもたらす世界の経験に心地よさを感じ、自分が受け入れられていると——自分も愛されることができるんだと気づくうちに、たしかにそれは消えていった。だが決まり悪さは恥の念にうっすらと染みこんで、恥はもっと長く残った。決まり悪さが、つまるところ各々で設定した個人的な基準に左右されるのだとすれば、恥は、自分が属する社会や集団が共有する基準を満たすのに失敗したときに経験するものだ。普通であるとか自然であると考えられていることに馴染まない部分が自分のなかにあると、私たちは集団の外に放り出されるのではないかと怯える。怪物たちが追放される場所へと。

恥の念を抱くことは、いかなる脆さも見せられないという思いともつれ合っている。私は兵士であったから、（特に身体的に）脆いことは、弱さそのものだった。私がいた環境では、理想よりうまくできていないだれかや、あるいは自分自身にさえも、声をひそめて「男だろ」とか「ビビってんじゃねえ」とか「根性を入れ替えてこい」などと言うのが当たり前で、受け入れられていた。奮起を促すこうした言葉には枚挙にいとまがなかった——「痛みは身体を置き去りにする弱さにすぎない」とか——いくつかは口にするのもはばかられるもので、そうした言葉は恥をかかせることと大いに関係があった。当時それらの言葉は、自分たちが参加する軍隊の規律やゲームの一部として適切なものに思えていた。それが無効になる地点がある。つまり人がほんとうに同情を必要としているときだが、それを人に与えられるようになるためのハードルは高い。似たような環境にいたことのない人にたいしてこのメンタリティを擁護するのは難しいかもしれないが、あなたのいる集団が戦闘に赴かなくてはならず、生死をかけた塹壕の接近戦での徹底的な武力行使も起こりうるなら、敵よりも冷酷にならざるをえないだろう。勝てないことの結果が二位であり、二位が死であるとき、弱さの入る余地はほとんどない。

リハビリテーションの初期段階における身体と精神の挑戦にとっては、そんなメンタリティががたしかに有利に働いていたかもしれない。義肢装具を毎日取り付けることになっても、痛みに抗い、いっさいの脆さや弱さを見せない忍耐力と決意があれば、より早い回復につながるだろう。その態度はいまでも、脚を装着する日々のルーティーンを継続させるのに役立っている。痛みや**今日は休めよ**という小さな声があっても私はこんなマントラで答える、**おい、自分の身体だろ、やるんだよ、ハリー**。だがそれは、ほかの実にさまざまな点で悪影響を及ぼしていた。

このことを大袈裟に言い立てたくはない、これが私の経験のすべてではないし、多くのことは同時に真実でありうるのだから。私のアイデンティティは流動していた。私たちが実に頻繁に考える（もしくは社会が私たちに告げる）のは、人は一貫した存在でありうる、ということだが、実際には、回復し、あたらしい生活を作り上げ、恋に落ち、子供を持ち、身体的な外傷を治癒させ、いままでになく人生を讃える気持ちになりながらも、自分のささやかな一部分が葛藤し、恥を感じつづけることはある。

恥とは、突き詰めると、自分がじゅうぶんによいと思えないということだ――自分がつながりを持つに値する存在と思えないこと。私は十歳で**グレンデル**になり、恥ずかしかった。愛する人たちとのつながりが失われるのを恐れていたのだが、当時はそうとはっきりわかっていなかった。その十五年後にとつぜん障害を得たときでさえ、そのことをはっきりと理解したかはわからない。怪物であることの恥ずかしさは私をしりごみさせ、消え去りたい気持ちにさせた。時が経つにつれて自分を受け入れるようになったけれど、恥の念は残って、隅のほうで縮こまっていた。

障害者へのヘイトクライムを耳にすることはあれ、経験したことはなかった。自分には縁遠い、だれかべつの人間の問題だと感じていた。認めにくいけれど正直に言えば、差別の話を聞いたりこの手の侵害行為が増えつつある――一年に十二パーセント増加――という記事を読んだりしたとき、私は心のなかで例の文句をつぶやきさえした――「ビビるなよ」。だがその内なる声は、統計のなかにひそむ個人のだれかに向けられたものというより、自分を守りたいという本能に起因していた。それは、私が自分のことをほんとうには障害者だと思っておらず、障害のある他者と話をするのは難しいと（イギリスの六十七パーセントの人々と同様）まだ感じていたことと、密接に関わっているらしかった。私の一部はかつての私のままで、弱くあってはいけなかったし、それまで適応していた場所でうまくやろうとしているところもまだあったのだ。

するとある日の午後、クラパム・ジャンクション鉄道駅の構内を目指して通用口を歩いていたとき、中年の女性がこちらに歩いてきた。彼女は私をしげしげと見て、人によっては微笑みかけたり、親切な言葉をかけたりしてくれることもあるなかこう言った、「いい気味ね」

「すみませんが？」と私は言った、聞き間違えたかと思って。

「いい気味ね」彼女はもう少し大きな声で言い、買い物袋を抱えて歩き去った。

私は大目に見ようとした、説明をつけて済ませようとした。あの日あの人はついていなかったか具合が悪かったんだ——もしくは私が体現していた紛争にたいする政治的なコメントだったとか。だが恥の念が押し寄せてきて、それがもたらす動揺を振り払うことはできなかった。パートナーは気にしないでいいと言ってくれたが、あの言葉は即座に自分の障害を強く意識させ、恥ずかしさがなんとも言い表しようのない仕方で深く染み渡るのを感じた。揺さぶられ、熱くなった。聞き間違いだとまだ思っていた。でも私はまた怪物になっていた。あの統計のことをあらためて考えた——家を一歩出るたびにこんな気分を味わうのだとしたら。

このとき、自分の障害についてのあたらしい視点を得た。**負傷兵**であるということで、どういうわけか自分を特別視していたようだった——障害者にまつわる問題が重大にならない特殊なケースだ、と。でも時が経ち、復員軍人のコミュニティと、それとともにあったあらゆる軍隊的な気風から離れると、もし負傷しなければ決して知りえなかったであろうことを人々と共有しているのに気づいた。ヘイトに晒された障害者たちから聞いた話——脳性小児麻痺であるのを理由に卵を投げつけられた人。ダウン症だからということで言葉の暴力を受けた人。電動車椅子に頼っていることで十代のギャングに自宅を襲われた人——こうしたことが自尊心とメンタルヘルスに長いあいだ及ぼす衝撃が、いまは納得できた。私はまた、アシスティブ・テクノロジーによってある程度修復可能であるような障害のある自分の経験と、自分以外の、心身に深刻な障害のある人たちの経験のあいだに、比較が意味をなさないほど深い溝があるのも知った——私の経験はあくまで氷山の一角なのだ。それでも「いい気味ね」はハンマーの一撃だった。

だんだんわかってきたのは、怪物としての恥ずかしさを少しでも感じるのに、憎しみに満ちた言葉、あるいはたんにネガティブな言葉でさえも必要ないということだった。アクセシブルでない建物に入ろうとしたり、公共交通機関に乗ろうとしたりするだけでも感じる——それは現実的な厄介事でもあり、あなたが普通の人間ではないと認定される瞬間でもある。なによりも奇妙なことに、親切だったりポジティブだったりするつもりで発された言葉がきっかけになることもある。それは波のように寄せてくる。だれからも二度見をされていないような気がする数ヶ月があったかと思えば、通りで人々に呼び止められることもあり、子供たちと公園に行くと、決まってよその子たちが私の脚について尋ねたり、悪意もなく指差して笑ったりする。子供たちに「でもなんで脚をなくしたの？」としつこく聞かれるときは、近くにいる親たちを心配させないように、感じよく、できるかぎりの説明をしようとして、爆弾がどんなものかを伝える。彼らはほんの三歳か四歳で、私に危害を加えるつもりはないのだが、その言葉は私の忍耐を試して（いつもではないが——なによりもそのときの状況と私自身の気分に左右される——しばしば）、私に自分が違っていることを気づかせる。

パートナーと一緒に公園の隅に腰掛けていたときのこと、私たちは子供たちがジャングルジムに登っているのをただ眺めていればよくて、衛生安全局員としてその真下に張り付かないでもいいような子育ての至福の段階にようやくいた。すると女性が子供ふたりを連れて私の前に立った。

「彼らに学ばせたくて」と彼女は言った（これに似たことは以前にも数回あった）。

少年たちはぼんやりと母親と私を見た。

私は言った、「やあ、はじめまして」

彼女は言った、「脚はどうされたの？」

私は答えた、「はい？」

不親切ではいたくないし、子供たちの前で彼女にばつの悪い思いはしてほしくないけれど、彼女がずけずけと踏みこんできて、義足を私のもっとも肝心な部分だとみなしてきたやりかたには見過ごせないものがあった――私が家族といて、パートナーと話している日曜の朝にだ。観光客にじろじろ見られる見世物のような気分になった。彼女を喜ばせたり、彼女の息子たちにガイドツアーをやったりするためのエネルギーを奮い起こせる気がしなかった。その気分はじわじわと広がっていった――鉄道駅であの女性と出会ったあとに感じた恥辱のいくらかを感じた。

負傷する前から情け深く、寛容であれたらよかったのだろうが、自分の真の特権に気づく手立ては当時の私にはなかった。そして、そう、私はいまも特権的な立場にいて、その特権を、障害者としての生活にも持ちこんでいた。人種を根拠に傷つけられることや、マイノリティな集団の出身であることを根拠に迫害されることがどんな気持ちなのか、私はこれからも決して知りえないだろう。

ひとりの黒人として歩き去った背後で車のドアをロックされることも、故郷にいるにもかかわらず自分の国に帰れと言われることも、バスで同性のパートナーにキスをしたことで暴力をふるわれたらどんな感情になるのかも、知りえないだろう。私が知っているのは、自分が目には見えない生来の偏見を抱えていて、それを脱ぎ捨てることができないかもしれない、ということだ。だが、もし障害が私に与えたギフトがあるとすれば、それはなににもまして、自分がそれ以外《アザー》であるという現実についての、ほんのささやかな手がかりだ。

アンドリューとロンドンの地下鉄駅の外で会う。私たちが最初に気づくのはふたりとも同じ義足をしているということだ——ブレードが脚の裏側でカーブを描いて前方にすっと伸び、地面に接したゴム製の四角いグリップに達している。普通の人体構造が埋めるべきスペースを採用しないことによって、湾曲した炭素繊維がより強い弾性をもたらし、より能率的になる。毎日使うための普通の脚ではなく、走るためにデザインされているものだ。これをつけている人をほかに見たことがない。アンドリューもだという。これが使われないのは、バランスをとるのが難しいからというのと——この義足がもたらす力学的エネルギーは安定性を犠牲にして成り立っている——そしておそらくは、その奇怪で非人間的な見た目のせいでもあるだろう。まさにそのためにこそアンドリューはこれが好きなのだが。私にはもっと葛藤がある。これのせいで目立ってしまうのが嫌なのだ。だが歩き心地は、普通の義足に戻りたくなくなるほどいい——私にとっては、機能が外見に勝ったというところだ。同じ脚をつけているということが、思いがけなくも奇妙にアンドリューとのつながりを感じさせ、私たちは笑って冗談を交わす。

私たちはここでソフィーと会う予定だ。彼女はアンドリューのためにあたらしい義足を作っていて、フィッティングのためにロンドンに来ている。私たちが喋りながら待っていると、近づいてきて話しかけてくる人がいる。その人は切断手術を受けることになっている叔父のことで悩んでいて、それがいくらかかるのかと、私たちの義足がどこで手に入るかを知りたがっている。やがてソフィーが、緩衝材で包んだものを詰めたバッグとリュックサックというういでたちで地下鉄駅からきびきびとあらわれ、私たちはアンドリューが指導している〈ロンドン・ダンス・アカデミー〉へ向かう。

アンドリューがバイク事故に遭ったのは十九年前だ。「バイクの教官は、飲んでいるときと怒っているときはぜったいにバイクに乗るなと言っていた」歩きながら彼は言う。「友達と口論になってね。私は転倒して、脚がバイクの下敷きになった」

医師たちはアンドリューの脚を救い、彼は鎮痛剤と抗うつ薬で苦痛に対処した。医師たちは事故後に切断手術について話していたのだが、アンドリューがそのことを思い出したのは十五年も経ってからで、ポールダンスをはじめたときだった。脚が傷ついていてもやれるエクササイズを探していた。ポールダンスをやってみたら、たちどころに夢中になった。あらたな自由だった。動くときに脚が邪魔にならなかっただけでなく、ダンスはアンドリューにはっきりと自身の障害を、使っていた杖の存在を意識させ、その身体とのあらたな関係性が燃えるような痛みを引き起こした。それで膝の下から脚を切断した。リハビリはハードだったけれど、とアンドリューは語る、いまではもっとよく動けるし、痛みは少ないよ。

ダンス・アカデミーに着き、レッスン開始を待つ人たちの脇をゆっくりと通り過ぎ、小さいスタジオのひとつに入る――鏡張りの壁と中央のポール。アンドリューは服を脱いでブリーフ一枚になり、義足を外してライナーをはがす。待ち合わせのときには彼のタトゥーに気づいていて、いま私はそれらの灰がかった青色が首元から脚関節にまで広がっているのを見ている――断端のほぼ全体が渦と点に覆われている（彼がのちに語ったところでは、外科医たちが縫い合わせるとき、模様を見事にぴったりくっつけてくれた）。彼は際立った存在感を放ちながら、滑り止めのチョークを手につけてポールにとびつく。ソフィーは隅にいて、バッグをいくつか開けてあたらしい義足を準備している。ソケットと木製の彫刻が彼女の周りに置かれており、エンジン部品を思わせる歯車がついたロッドと、炭素繊維製の成形された肋骨があった。

「タトゥーのことを訊いてもいいかな？」と私は言う。「異常だと言いたいんじゃなくて――」

「私は傷ついたりしないないよ、ハリー」アンドリューはそう言って笑う。「普通と違って見えるのはわかってる。それを誇りに思ってるよ」

彼はストレッチをしながら説明する。「タトゥーとピアスのことが気になりだしたのは十代のころだけど、両親からすれば禁止区域だった。私はひどいにきびが身体中に、顔にも胸にも背中にもあってね、肌との関係はよくなかった。二十代のはじめにロンドンに引っ越してから治りはじめた。身体を壊す代わりににきびは治す、っていうような薬を飲んで、それが終わってからこの小さなタトゥーを入れにいった」彼はいまポールを握っている。「こういうアームバンド状のタトゥーがそのとき流行っていた。そのタトゥーアーティストは、ブラック・トライバルの彫り物のリバイバル

アンドリュー・グレゴリー.

を先駆けた人だったんだ。また予約して、それからまた予約した。ふたりともなにを彫るかは事前に決めていなくて、当日に決めるんだ。タトゥーがはっきり見えてくると、急に自分の肌が好きになった。つまり、よくなかった肌との関係を、自分でほんとうに好きなものに変えていたんだ」にっこりと笑う。「いま思えば、損傷した脚にも同じようなことをしたわけだ」

「そのタトゥーが好きなの」準備をしているソフィーが言う。「アンドリューと仕事をしたいと思った理由のひとつがそれだった」

やがて彼はポールのてっぺんによじ登っていく。体重移動をしながらいくつかの異なる動作に移り、ポールから身をひねり、傾き、揺れる。

私は数ヶ月前に開催された世界ポールスポーツ選手権大会の演劇部門でアンドリューが優勝したときの映像を見ていた。その映像のなかで、アンドリューは松葉杖をついてステージにあらわれ、それを投げ捨てて転んで、床に落ち、そこからポールに登って、切断とリハビリの経験について語る。美しい光景だ。カメラとスクリーン越しに見るとあっさりやってのけているようにも見える。だがスタジオで見ると印象はまったく異なる。パフォーマンスに要求される力と奮闘が見て取れ、聞こえる——ポールを握って逆さになり、そのまま脚を広げるときに手の皮膚が擦れるかすかな音と、揺れながら次の動きに向かう手から伝わる力で震えるポールの音が。

彼は歩きながら、自分の傷ついた脚が嫌いだった、と語っていた。「見た目が大嫌いだった。ねじれていて、ぶかっこうで——ほかの人たちにとってはそうでもなかったかもしれないけど、私にとっては怪物じみていて、それが表現しているあらゆる痛みに包まれている気がした。杖を使わなくてはいけなかった。踵の形のせいで、靴を買いに出かけることもできなかった。十六年間、そうやって暮らしていたんだ」

いま、ポールの上でいくつかの動きでウォーミングアップをしているアンドリューの断端はとても目を引く。彼は健常者のダンサーにはできない仕方で脚を身体のほかの部分の隙間に潜らせることができて、その重心移動とバランスが魅惑的だ。やがて準備ができたソフィーがアンドリューに呼びかけると、アンドリューは彼女の前に座り、ふたりはあたらしい義足を試す。アンドリューは心底興奮している。それをはじめて見るのだ。

「ワオ、こりゃとんでもないな」と彼は言う。「めちゃくちゃクールだ」（彼は**ワオ**をその後四十分は言いつづけた。）

その義足は制作途中で――いまやっているのは、つけ心地と形状と機能が適切かを確認するためのフィッティングだ――義足の表面は研磨されていない黒いカーボンファイバーで、研削と成形を経て塵まみれになっている。アンドリューがその脚を取り付けると、そこにはなにかとても独特な感じ、それが完成したときの姿を想像させる感じがある。それはきわめて「アンドリュー」的《アザー》でもある。その材質には彼のタトゥーと似通ったトーンがあり、ふくらはぎのところから弧を描いて伸びていて、炙《あぶ》られて黒ずんだ古代の鯨骨のように細くなり、また広がって棍棒状の先端になる。アンドリューが立ち上がると、それは歪んだ、ものすごく高いスティレットヒールのようにも、かすかに動物の蹄のようにも見え、ヒューズが取り付けられていて、過去から来たようにも未来から来たようにも思える。

切断して以来、脚のようには見えない義足をつけることを夢見ていたアンドリューは、いま鏡でそれを見ている。「蹄のように見えるのがとても美しいよ」喜びをあらわにして言う。「どうしてだれも蹄をほしがらないんだろうね?」おそるおそる数歩進む。「こんなに完璧に自分の一部だと感じられるなんて信じられない」

アンドリューはまたポールに乗って試用をはじめる。突然、彼は完全体になり、切断部の奇妙さはなくなっている。弧を描いて動く脚は、一見ほとんど目立たない――切断されたところを見るよりも違和感がない――が、やがてアンドリューはポールのてっぺんに近づき、逆さになって脚を伸ばし、つかのま静止する。まだ未完成にもかかわらず、ソフィーが作った義足は刺激的だ。アンドリューのタトゥーの曲線にならうような、部族の棍棒でもあり、動物でもあり、洗練されたハイファッションでもある。

ソフィーは〈オルタナティブ・リム・プロジェクト〉を運営している。私はルイス市の工業団地にある仕事場で彼女と会っていた。私たちが彼女の仕事について話すあいだ、彼女はシリコンに顔料を混ぜ、電動ミルのローラーのあいだに流しこんで色を行き渡らせていた。バイク事故で足を失った農場経営者のために、超現実的で装飾的《コスメティック》な義肢装具を作っていた。彼女の傍には、依頼者の肌の情報と写真を元に作った色合わせのメモと、残ったほうの足の鋳型があった。彼女は正確な鏡像物を作り、そこに爪と毛を加え、表面下に青緑色で半透明の血管の層を重ね、彼がビーチに行ってもだれも二度見しなくなるようにする。ソフィーはこれで生計を立てている。こうした義足がいかに真に迫ったものになるかを示そうと、彼女は足を振ってプラスチックの厚底サンダルを脱ぎ捨て、靴下の上からシリコン製のスリッパを履いた。それは彼女の足の精巧な複製だった。ほんとうにリアルで——それぞれのつま先の特徴をすべて備えている——まるで彼女の足をじかに見ているようだが、その奥に消えた靴下も見えているし、あまりにも大きい。彼女はそれを、私のホビットの足、と言った。

私はソフィーに、こうした超現実的な義肢装具には「不気味の谷」のようなものを感じる、と言った。* それらは私から見るとあまりにも死んでいる、彼女が作り出す驚くほど生き生きとした義肢でさえも、と。ソフィーは同意しなかった。こうしたタイプの義肢装具は、四肢の喪失を深刻に感じ、視覚的に以前とかぎりなく似たものを欲している人々にとって大切なものになりうるという——ある人たちにとっては、目立たず、完全だと感じられ、また外からもそのように見えることが、機能以上に大切なことなのだ。

---

*不気味の谷という考えかたによれば、人間を模した創造物は人間に似るほどにポジティブな印象を抱かせるが、あまりに似すぎてしまうと事情が一変する。これはグラフで説明することができる。x軸を機械らしさ—人間らしさ、y軸を好ましさとする。創造物が人間に迫るほどに好ましさは増してゆき、線は上昇するのだが、その類似物がとつぜん人間そのものに迫り、それでいて同一ではないようなある一点に達すると、私たちは嫌悪感を抱く。そのグラフ上の急な落ちこみが不気味の谷だ。これは義肢装具設計にもロボット工学にも適用されている——創造物をあまりに生物らしくすると、われわれは不安を掻き立てられ、なんらかの疾患や生ける屍《アンデッド》を連想する。テクノロジーの進歩によって、いままで以上に本物らしい人間型ロボットや、映画やゲームやVRのなかでとんでもなくリアルなビジュアルイメージが作られるようになると、この概念は学術界から大衆文化へと飛び移った。

風変わりなのは、彼女の仕事の半分が人間の形状のきわめて精巧なコピーを作ることに集中しているいっぽうで、もう半分ではオルタナティブな可能性のなかで遊んでいるということだ。仕事場を満たしているのは、彼女にインスピレーションを与えたファウンドオブジェクトや木彫や金属細工や、彼女の同僚で義肢装具士のクリスが所有する古い義肢装具が入った〈驚異の部屋〉〔個人が蒐集したさまざまな骨董品や珍品を陳列した部屋〕だ。ソフィーはインスピレーションを求めてスクラップの山とがらくた屋を漁っていた——玄関から外に突き出た木製のカヌーをどうするのか、本人もわかっていない。義肢装具士の仕事場というよりはアーティストのアトリエで、吊るされた植木鉢でカモフラージュされているのは「蔓《ヴァイン》」と題された彼女のオルタナティブ義肢のひとつだ。上肢には手の代わりに関節のある長い触手めいた付属物があって、拾い上げるものを包んで曲がるようになっている。コスメティック義肢が身過ぎ世過ぎだとしたら、オルタナティブ義肢はソフィーが真に魅了されているものだ。

フォトセッションで撮影した写真をフリックしながら、彼女は制作した義肢のいくつかを見せてくれた。はじめはポップアーティストにして歌手のヴィクトリア・モデスタのために作られたたくさんの義足——黒い「スパイク」は、足ではなく尖った先端で立てるようになっている、ファイバーグラスとはがねでできた輝く破片だ。二〇一二年のパラリンピック閉会式で使われたのは、水晶とラインストーンできらめく義足。ロールス・ロイスのキャンペーンで使われた義足にはスパークする小型のテスラコイルが内蔵されている。「スネーク・アーム」は手の切断者のための超現実的なコスメティック義手で、本体に蛇が巻きつき、手首の空洞を通り抜けて這っており、いくぶん心乱される。さらには、やはり現実と非現実が拮抗するところで遊んだような「マテリアライズ」がある。その腕の下半分は二本の完全な指を備えた肌とそっくりだが、上半分は岩塊と土とコルクと石油と苔の、相互に交換可能な区画でできている――それぞれが、切断者の人格の異なる感情や精神の側面と呼応しているのだ。それから彼女はフリックして「カッコー」を見せた。コンテンポラリー・ダンサーのために制作されたその美しい義足は、さくら材から彫り出され、ほんの少しスチームパンクを思わせ、また計時器として、時計と、膝から飛び出すカッコーを備えている。

そこには多種多様な義肢があった。すべての画像にはステージで撮影された切断者が写っていて、失われた身体の部位はあたらしく、思いがけないものに変わっていた。義肢は利用者のキャラクターでもあり、彼らが歩んできた旅路でもあり、彼女が探求したい美意識でもありうる、とソフィーは言った。うちいくつかには高度な様式がありハイファッション的だが、ほかのものはもっと遊び心があってパーソナルだ。そのときソフィーは、義手のなかに母親の灰を入れて運びたいというアメリカ人女性と話をしていた――彼女の母は、娘の手に生まれつきの違いがあったことで生涯自責の念を持っていた。その義手は許しと受容のふるまいのひとつになるだろう。私は悲痛なものを感じた。ソフィーはダーリントン鉄道博物館とのプロジェクトも進行中で、周囲を鉄道模型が走る義足を作ろうとしている。ミニチュアの列車が義足に開いたトンネルを通過するのだ。彼女は蒸気の煙を作るために電子タバコを使うというアイデアに思いを巡らせていた。

大学で特殊効果を学んだのちに映画業界で数年間働いたあと、ソフィーは切断者のためのコスメティック義肢に道を見出した。毎年彼女を訪ねてくるクライアントのひとりに、自分の義足に漫画のキャラクターや家族の写真を入れたがっている少女がいた。バスが歩道に乗り上げたときにその子はベビーカーに乗っていて、彼女の足は治療できないほどの損傷をこうむっていた。ある年、彼女は自分のものをしまっておく引き出しがついた脚の絵を持ってやってきた。義肢をパーソナルなものにしたいというこの願いは、これまでまともに探求されてこなかったリハビリテーションの興味深い側面のようにソフィーには思え、それをきっかけに彼女は〈オルタナティブ・リム・プロジェクト〉をはじめた。はじめは美しくセクシーな、ポップ・スターが身につけるような義肢を作ることを楽しんでいたが、やがてほかの感情的な広がりを探究すべきだと感じるようになった——アイデンティティ、身体のイメージ、変容、トランスヒューマニズムといった考えを。

私が仕事場を後にするとき、ソフィーは参考になると思うと言って一冊の本を渡してくれた。私はそれを助手席に置き、帰り道でコーヒーを飲もうと立ち寄ったサービスエリアでぱらぱらとめくった。ローズマリー・ガーランド=トムソン著、『見つめること——われわれはいかに見ているか』(Staring: How We Look)。見つめることの働きについての学術書だった。見つめることにまつわる論理のほとんどが見る者の権力や当事者性や暴力についてのものだが、本書によれば事はそう単純ではなく、見つめることをめぐって考える私たちの思考法には重要な変化が起こらなくてはならない。

序文を読んでいて、負傷してからの自分がどれだけ人に見られたくなかったかを思い出した。車から出るときは周りにだれもいないのを見計らっていた。人々がぶかっこうな義足を見る事態を避

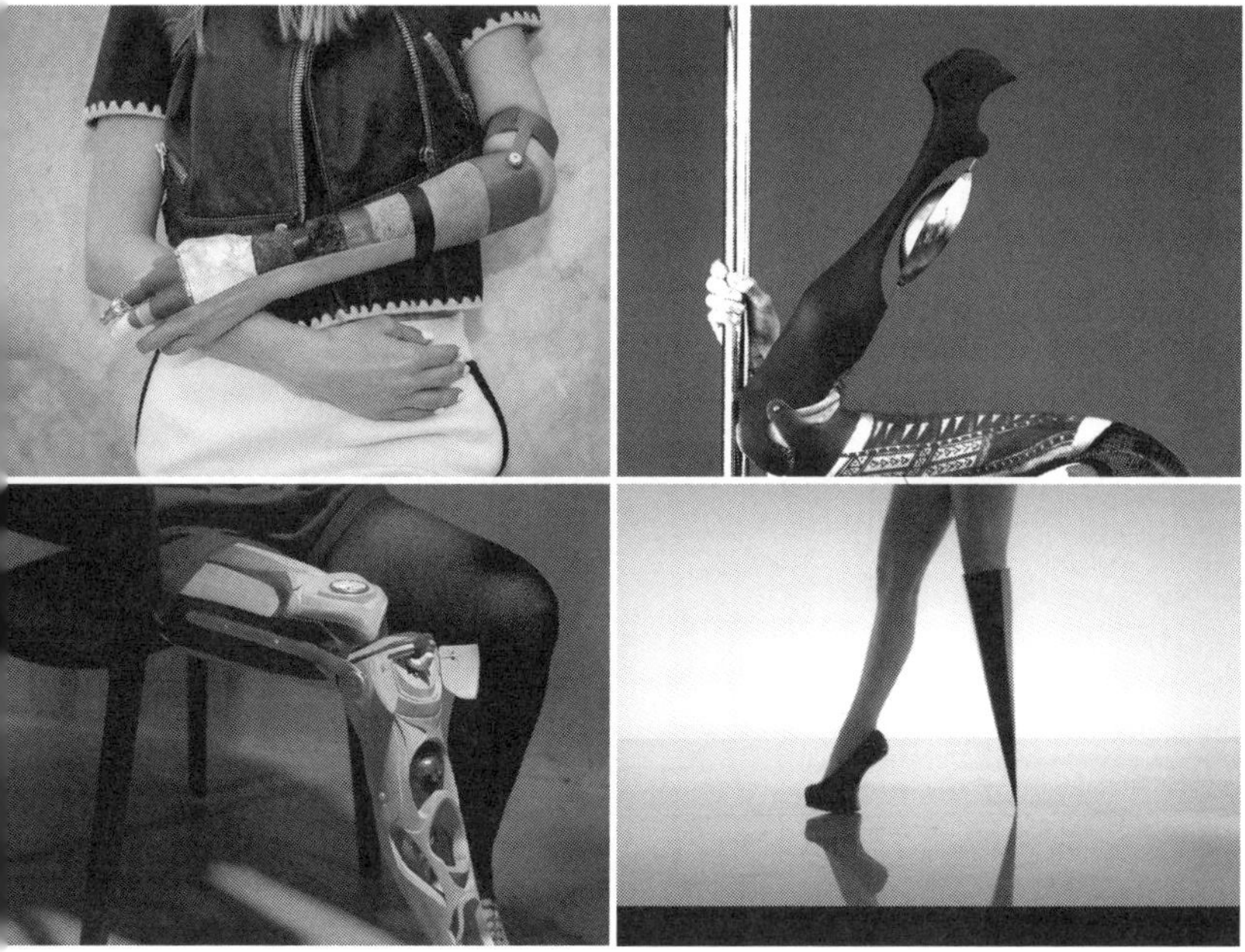

（左上から時計回りに）「マテリアライズ」，アンドリューの蹄付きの義足，「スパイク」，「カッコー」．

けられるようにと――それは決まり悪さと恥ずかしさのあらわれだった。通りですれ違った人が振り返って私を見ていると感じることが、まだ居心地悪かった。くるりと振り返り、そうしている彼らをとらえ、自分から見つめることで挑みかかっていた――**お気に召しました？** いまでは見られるのにも慣れてきて、微笑みや挨拶で見る人たちと関わっていくようになった。

人は、車両衝突事故や、自然が作り出す目の錯覚や、鏡に映った自分に目を奪われるものだが、他者を見つめるときには、見る者と見られる者のあいだにつながりが生まれる。衝突事故や浜辺に打ち上げられた移民の写真や傷ついて身体が損なわれた人間を見て、**まあ、少なくとも自分ではないしな**、と思うとき、その視線はよくないものになる。だがガーランド＝トムソンの書は、こうしたつながりがポジティブなものになる可能性を示唆している。それはその視線がエンパシーのあらわれであるとき、見る者と見られる者のあいだの共感に満ちたやりとりになるときだ。長い時間をかけて見つめるうちには**自分でもありえたかもしれない**と思うこともあり、私たちは行動を促される。ガーランド＝トムソンが主張しているのは、公共空間で見られるものの概念を拡張すること――つまり多様な人間で構成されたコミュニティを受容することだ。そうすれば、これまで見つめられてきた者たち、奇怪《モンストラス》な身体の持ち主たちは、**隠れたり、自分を隠れた存在とみなしたりすること**がなくなる。

ポールの上にいるアンドリューを見つめないでいるのは難しい。それこそ彼が望んでいることでもある。彼があたらしい脚に慣れるのに数分かかった。義足がぎこちなくポールに当たってコツンと音がすると、かすかな緊張が顔に浮かぶ。きちんとバランスの取れた動きを、あらたな義足の重さと長さに沿って調整しなくてはならないのだろう。だが上達は早く、一群の動きが数珠繋ぎになっていく。「こりゃすごい、スーパーヒーローになった気分だよ」ルーティーンをひとつ終えて降り立ち、胸を波打たせ、ポールのかたわらでスタジオの壁に映った自分を見ながら、アンドリューはそう言う。

彼がソフィーに作ってもらいたかったのは自身の能力を拡張させる義足で、つややかな「蹄」の先にはポールに嵌《は》まる切れこみがある。それから三十分以上かけて、アンドリューがソフィーに脚を返していくつかコメントするたびに彼女は中庭に消え、切れこみがポールを摑めるようになるまで削る。それはリム・フィッティング・センターで聞く会話と少しも変わらない――**ここを少し削ってくれ。ここが擦れる。ここを広げるのはどうかな**――ただ、医療現場ではこんな義足にお目にかかることはないだろう。

アンドリューが休憩し、ソフィーがまた中庭へ脚を調整しに行ったとき、私は彼に、障害はあなたのパフォーマンスにとってどんなふうに重要なのかと尋ねる。

「自分の障害をアイデンティティにしたんだ」と彼は言う。「私にはこのキャラクター、ポール・パフォーマーとしてのペルソナがあって、『tattoo_pole_boy』としてインスタグラムにいる。だれもが私が切断者であるのを知っていて、私はそれをアドバンテージにしてきた。障害は強力なイメージを作り出すんだ。こういうスポーツで目立つのは並大抵のことじゃない。それがチャンスを運んでくる――インタビューや特集記事を。ソフィーの義足もまさに同じことで、私はそれを次のレベルに押し上げたいんだ」ソフィーが義足を持って戻ってきて、アンドリューはまた取り付ける。「見た目も関係がある。普通の脚と違うものならなんでもどきどきするんだ。見た目が奇妙であればあるほど、自分が人間だと感じる。生きていていちばん怖いのは、溶け合ってしまうことだ。ぞっとするよ。私は気づかれたい……人々の面前に自分を押し付けたいわけじゃないけど……でも目立ちたいんだ」

最終テストを経て、ソフィーがもうひとつの義足を試すようアンドリューに呼びかけると、彼はポール用の義足を脱ぐ。「返したくないな」と言う。

最初の義足が、アンドリューの創造的なアイデアに沿い、彼のパフォーマンスに合わせて作られたきわめてアンドリュー向けのものだったとするなら、ふたつ目の義足はソフィーの構想によるものだ。ソケットには異なる装着物を留められるようになっている。この日、彼女はふたつ持参している。ひとつはアンティーク家具から取られた真鍮の脚で、彼女が大工と共同制作した特注の木彫がつながっている――木彫は入り組んだ格子状で、真鍮をぴったりと包み、まるで軍艦模型の船首のように見える。もうひとつは彼女がさっき取り出していたギヤボックスのシャフトを使っていて、歯車と加工された金属がきわめて風変わりな物体を形成している。アンドリューはどちらも試し、ソフィーは寸法をメモし、ふたりで次のステップについて話す。彼女はこれらを作業場に持ち帰り、次のフィッティングまでにさらに改良する。

ソフィーはしばしばこのように仕事をする。身体のあらたなありかたを探究している興味深い人々を見つけて、芸術団体や医療団体に助成を申請し、プロジェクトを展開する。アンドリューは夢に見たオルタナティブ義肢を手にし、その代わりにソフィーがイメージしたもののモデルをつとめる――アンドリューがそこに個性と意見を持ちこめるようなコラボレーションではあるが、ソフィーが探究する構想のゴールは、日常的に使われるものというよりも雑誌写真や美術館やギャラリーの展示であることが多い。観衆に届くことがプロジェクトのきわめて重要な部分なのだ。彼女は世界中の展示会にオルタナティブ義肢を送り出している。ソフィーはなににもまして、障害をめぐる前向きな議論を促進し、身体の多様性を讃えたいと思っている。

ソフィーとアンドリューが義足の技術的な問題点と美学について語り合っているのを見ながら、私は学部生のときに読んだ一九八五年発表のダナ・ハラウェイの論考、「サイボーグ宣言」を思い出す。彼女はカリフォルニア大学の知覚史の教授で、ジェンダーのない怪物的世界《モンストラス・ワールド》を想像している。その論考――伝統的なフェミニストの議論にたいする批評であり、いまや多くの大学のシラバスに課題図書として掲載され、ほとんどカルト的な地位を得ている――のなかでハラウェイは、西洋の文化的伝統たる家父長制と植民地主義と自然主義が、女性や有色人種や**他者**とみなされるすべての人を支配するような反対勢力になってきた、という。テクノロジーがこうした伝統による支配に対処し、「二元論という、私たちがそれにのっとって自らの身体を説明してきた迷路からの抜け道」を提示するために利用できるかもしれない、というのが彼女の主張だ。ハラウェイのサイボーグは人間とテクノロジーのもつれ合いであり（いまや解くことができないほど親密になっている）、それが動物と人間と機械のあいだに引かれて硬直した境界線を無効にする。

そこで提示されたアイデアを利用してあらたな目標を見出した学問分野は数多く、ハラウェイのサイボーグ本来の構想のいくばくかをたびたび見過ごしながらも、彼女の強力なイメージを活用してきた。そしていまアンドリューがそこに立ち、彼が歩くたびに、脚と化したギヤボックスのシャフトがスタジオの木製の床をコッコツと打つ。それを見ていると、身体をテックで構築し、アイデンティティやセクシュアリティやジェンダーをもっと自由に表現するために身体のありかたを選択できるような未来が想像しやすくなる気がした。そうなれば、西洋の伝統的なカテゴリーが生み出す差別と優位は人間–機械のハイブリッドによって時代遅れになるかもしれず、境界線は見分けがつかなくなり、その線引きの重要性は減るかもしれない（そしてそれは必ずしもあらたなカテゴリーを作ることにはならず、カテゴリーのいっさいを私たちから取り除くかもしれない）。私たちが溶けこんでいるあらゆるテクノロジーと、あらたなコミュニティを形成するときに使う情報ネットワークと、身体的な差異を減らすための身体の拡張と取り替えのなかに、そんな可能性がある。あたらしい義足をつけたアンドリューがポールの上で最後の確認作業をするのがスタジオの壁の向かい合わせの鏡に延々と映るのを見ていると、**怪物的世界**がたしかに近づいていると思える。

怪物は救済されつつある。ポップカルチャーのなかでは、嫌悪感を抱かせる怪物と同じくらい、親切で哀れみ深い怪物に出会うことができる。ダース・ベイダーの切断がルーク・スカイウォーカーの切断になり、フック船長の切断が『ヒックとドラゴン』の主人公ヒックの切断になる。怪物じみたものたちが性的魅力を帯びるさまざまな例はつねに（何世紀にもわたって）あった——その最新版が『キングコング』（一九三三）、『美女と野獣』（一九九一）、『シェイプ・オブ・ウォーター』

（二〇一七）といったモンスター映画における「異端者と恋に落ちる」物語だ。こうした例の変遷をさらに追うこともできる。キングコングは殺される。野獣は生き残るが、視聴者の多くががっかりすることに、ベルにもっとふさわしくなるよう、より魅力に欠ける人間に変身する。『シェイプ・オブ・ウォーター』だけは「研究資材《アセット》」が映画の最後まで怪物でいつづける（イライザは彼と一緒になるために自ら怪物になりさえする。これは『シュレック』に負うところが大きい）。こうした作品は私たちに共感を求めるけれど、私たちが怪物たちをありのままでいさせられるようになったのはごく最近のことだ。

怪物は大衆文化のあらゆる場所に根づいている。レディ・ガガ——パフォーマンスのなかで車椅子と義足と怪物的なメーキャップと衣装を使い、二〇〇九年のアルバムタイトルは『ザ・フェイム・モンスター』——のファンは、自分たちを「リトル・モンスターズ」と呼ぶ。そこは彼らが主流文化との違いを祝福できるコミュニティであり、「怪物」は共にいることのポジティブな象徴になる。それは創造性とレジリエンスと思いやりの怪物なのだ。異質さをひとつのコミュニティとして祝福することで、彼らはあらゆるアイデンティティが受け入れられるような場所を作ってきた。かつて、怪物は他者によって作られるものだった。だがいまではますます、怪物自身が怪物を作り出している。「普通」の西洋社会が構成するカテゴリーに馴染めない人々——そうしたカテゴリーの外に立つことを恥ずかしいと感じたり、そのなかで生きるために自分の一部を抑圧することを恥ずかしく思う人々——には、いまや人間であることの意味について表現し、その意味を混乱させるためのあらたな方法がいくつもある。

テクノロジーには、身体を作り直し、見た目の異様さを軽減させ、変形部を再建し、切断されて失われた箇所を埋め、感覚の喪失を回復させ、人々の身体的な差異を減らすことができる。障害を隠すことができれば、見つめられることもない。またテクノロジーは、私たちが抱える怪物を祝福して表現し、世界中を移動して交流し、強力なネットワークと協力関係を作り出すのを促してくれる。視線をポジティブなものに変えることもできる——**わあ、クールな脚だね**——そして私たちが人間を超えるあらたななにかに変わるのを促してくれる。

明快な定義という安全を必要としていて、その定義のなかから自分に合うものを選ばなくてはならないと感じている人は多い。そして怪物たちがひしめく社会にはたしかにリスクがあり、アナーキーな混乱を招き、多くの貴重なものを脅かすかもしれない——テクノロジーが私たちに作らせるネットワークと身体的変容には危険がつきものだ。だが私たちの多くが社会の伝統的なカテゴリーに喜んで馴染んでいるとは言えず、それらのカテゴリーが生み出す不平等があるときに、なんらかの方法でそれが解体され、人々がありのままの自分を表現することができる可能性があるのは、希望にちがいない。ハイブリッド・ヒューマンの時代には、怪物は異質であることを祝福する存在になりうる。私たちのだれもが、胸に小さな怪物を抱いているではないか？

フィッティングを終えたアンドリューに、オルタナティブ義足をつけた気分はどうかと尋ねる。「とんでもなくパワフルな気分になったよ」とアンドリューは言う。「格別で、ユニークだ。スタジオを駆け出して、道行くみんなに見せたいな」

金継ぎ

パートナーと向き合ってキッチンテーブルにいる。友人や家族に会うのを、予約してずっと楽しみにしていたバカンスに行くのを、取りやめるかどうかを話している。世界規模のパンデミックが人々を仰天させ、首相が国民に家に留まれと告げたばかりだ。

私たちが囲むテーブルには義理の兄弟が贈ってくれたウェディングプレゼントがある。ときどきフルーツを盛ることもあったが、いまは空だ。私のお気に入りである。器のほぼ半分は無傷の白磁器だが、残りの部分には入り乱れる金色の亀裂が走っていて、細かいひびでできたいくつもの三角形が密集する震央に向かっている。彼は器を買ってハンマーで叩き割り、**金繕い**を使って丹念に元に戻し、箱に詰め直したのだ。

金繕い、もしくは金継ぎ《ゴールデン・リペア》は、金を混ぜた漆を使って陶器を修繕する日本の技術だ。私はそれを調べてロンドンのいくつかの博物館で古いものを見つけた。容器は壊れても捨てられない。破損はその品の歴史の一部になり、修繕に使われた時間と美が、その品の価値に加わる。瑕と不完全さは受け入れられ、液体の線によって黄金になる。使い捨ての大量消費時代にあって、器はこの家で際立っている——私にとっては、もとの姿よりはるかに美しくて面白い。

その週の終わり、眠れずに横になっている。暗闇にいて、不安で疲れ果てている。私たちの住む通りの慌ただしい往来は、普段なら絶え間なく轟々と音を立てているけれどいまは静かで、私の考えは黙示録的になる。ウイルスへの恐怖はそれほどでもなかった。重症者になるにはよほど不運でなければならないと科学的にわかっていた。だがリム・フィッティング・センターの朝の予約がキャンセルされ、過剰に深刻になっていた。経済が崩壊したらどうする、失職したらどうする、NHSが破綻したらどうする？　ぐるぐると想像は止まらない。電力供給が止まったらどうする、どうやって義足の充電をする？　こんなときに義足が壊れたり、感染症を起こしたりしたら？　私に医療技術を提供してくれる企業が破産したら？　家族をどうやって食べさせる？　階下のトマト缶はいくつあっただろう？

あらゆる人々の生活がとつぜん不安定になり、障害者のコミュニティはそのことを痛感していたと思う。パンデミックがいかに自分の障害にきわめて細かく影響するかに私は気づいた。マスクをつけているために義足が踏み出す場所が見えにくくなり、気づくといつも以上に躓いていた（マスクが補聴器をしょっちゅうずらすのだと言う友人もいた）。初対面がビデオ通話だった人々の私への対応の違いにも気づいた、私の障害を見ていないからだ。（私たちはこのパンデミックに際してビデオ会議を発見したわけだが、それで私が思い起こしたのは障害のある人たちのこと、あまりに脆弱なので対

金継ぎの器.

面で会えず、もう何年も前からこんなふうにつながっている人たちのことだった――またもや、技術とともにある生活の先鞭をつけていたのだ。）だが障害者へのインパクトはこうしたことよりはるかに甚大だったと言えるだろう。社会的ネットワークと医療サポートから切り離されたことで、イギリスにおいてこの感染症で亡くなった人の十人につき六人を障害者が占めた。

サイレンの音が通り過ぎ、私はため息をついて寝返りを打った。パンデミックによって、身体をテクノロジーと融合させることの意義の限界を押し広げる人々についての調査は終わった。会合とシンポジウムがキャンセルされ、私は家族と身をひそめた。たくさんのハイブリッドたちと話をしてきて、私は自分の障害についてずっと気楽になっていた。障害《ディスエィブルド》があるという言葉でさえかまわないという気持ちになった――完璧にしっくりくるとは言えないが、言語は不完全なものだ。そして学んできたのは、人々がその言葉と、その言葉とともにもたらされる権利のために戦ってきたということだった。私はいまでも自分の経験を言い表すのに**ハイブリッド・ヒューマン**という言葉が気に入っているが、私の知ったテクノロジーはいまだに、アシスティブである以上のなにものかからはほど遠かった――私は障害者で、これからもずっとそうだろう。これを受け入れるとほっとした――いま持っているものに感謝できて、非現実的な可能性を必死で探さないでよくなって、もっと幸せになった。

パンデミックはこの楽観のいくらかにショックを与えた。自分がどれほど依存しているかに気づかされた。私を修繕したテクノロジーは、まともに機能している社会の企業と医療提供者と政府機関とに密接に関わっていて、真夜中になると、そうした基盤が揺るがされているのではないかと感じた。その一部でいられることが途方もない幸運であるとはっきりわかる社会に自分が依存しつづけるのだということを、あらためて思い出した。ウイルスは成り行きに任せるほかない、高齢者が守られているうちにも若者は被害をこうむっている、といった言葉を耳にしたとき、舟が沈み出したら生き残るのはだれだろうと想像した。弱い者の面倒を見ない社会はだれの面倒も見ない――私が直に学んだのは、どんな人間も、脆い存在であるのをやめていられるのはほんの束の間だということだった。

私は障害を得たとき、ゴミ捨て場に捨てられたりしなかった。**金繕い**の器のように、リメイクされた。修繕の過程とそれに私がかけた時間が、自分の人生に意義を感じる理由に加わった。私は瑕と不完全さを受け入れ、頼りにした医療テクノロジーが調合した金色の修繕の線を受け入れた。だからこそ、その道行きで出会ってきた療法士たちと医師たち、技術者たちと科学者たちを英雄視するような気持ちがあった――彼らは私を修繕してくれた人たちだった。パンデミックを集団で抜け出す方法を科学がもたらすことに、私は希望を抱いていた。ワクチンも治療法も改良されてゆくだろう。わかっている、去年見てきた多くのテクノロジーがそうだったように、それらは事前の誇大宣伝には及ぶまい――確実な方法はないだろうし、私たちは自由を求めて、傷を乗り越えようと模索しつづけることになるだろう。だがもしかしたら、ささやかでも集合的な金継ぎを見つけられるかもしれない。

朝の光が不安を取り払い、朝食を済ませた私は床に座り、子供たちが周りで遊び回っているなか、壁を見つめていた。パートナーは上で仕事をしていた。昼食どきに交代することになっている。息子を見た。玄関のそばで段ボール箱と格闘していた。彼はそれを頭にかぶると、壁にぶつかってよろめき、くぐっもった声を出した、「ぼくはロボット」

箱を取り上げ、彼の顔と腕のところにパン切りナイフで穴を開けてからまた押しこんでやると、彼はキッチンテーブルの周りをぐるぐる歩き回り、穴からにやりと笑った顔をのぞかせ、両側から腕を突き出して繰り返した、「ぼくはロボット」。娘は笑って彼を追い立て、ぬいぐるみを投げつけた。

謝辞

インスピレーションやサポートを与えてくれ、調査に協力し、執筆を助けてくれたみなさんに感謝を——Dominic Aldington, Gus Alexiou, Andy Augousti, David Belton, Rik Berkelmans, Simon Bignall, Richard Bignall-Donnelly, Clothilde Cantegreil, Dani Clode, Michael Crossland, Hayden Dahmm, Alex Dainty, Sophie de Oliveria Barata, Christian Dinesen, Walter Donohue, Daniel Dyball, Stewart Emmens, Demetrius Evriviades, Aldo Faisal, Hugo Godwin, Andrew Gregory, Candace Hassall, Christopher Hastings, David Henson, Jamie Jackson, Julian Jackson, Douglas Justins, Rosie Kay, Angela Kedgley, Jon Kendrew, Pete Le Feuvre, Ruth Lester, Ross MacFarlane, Tamar Makin, Thomas Manganall, Emily Mayhew, David McLoughlin, Louise McMenemy, Akinnola Oluwalogbon, Jack Otter, Caro Parker, Jolyon Parker, Sophie Parker, Louise Read, Kate Sherman, David Smith, Emily Sparkes, Jennifer Sweet, Nigel Tai, Mark Thorburn, Jim Usherwood, Kevin Warwick.

エージェントのMatthew Hamilton, 編集者のFrancesca Barrie,〈Wellcome Collection〉と〈Profile Books〉のみなさん——Peter Dyer, Claire Beaumont, Teresa Cisneros, Louisa Dunnigan, Alex Elam, Lisa Finch, Lottie Fyfe, Mandy Greenfield, Jonathan Harley, Ellen Johl, Anya Johnson, Ed Lake, Nathaniel McKenzie, Niamh Murray, Angana Narula, Rosie Parnham, Patrick Taylor, Valentina Zanca にも感謝を。

訳者あとがき

本書はHarry Parker, *Hybrid Humans*, Wellcome Collection, 2022の全訳である。著者の作品が日本語になるのは、これがはじめてになる。

ハリー・パーカーは一九八三年生まれの現在四十一歳。イングランドのウィルトシャーに生まれ育ち、ユニバーシティ・カレッジ・ロンドンで美術史を学び、おもに第二次世界大戦後の抽象表現主義について研究した。二十三歳のときに英国陸軍に入隊し、二〇〇七年はイラクに、そして二〇〇九年はアフガニスタンに従軍するが、このとき戦地で負傷し、両脚を失う経験をする。公務員をへて、現在は作家・画家として活動している。

作家としては本書が二作目で、デビュー作は『兵士の解剖学』（*Anatomy of a Soldier*, Faber & Faber, 2016, 邦訳なし）という長編小説だ。『兵士の解剖学』では、作者と同じように戦場で即席爆発装置（IED）を踏んで両脚を失った兵士の、負傷から回復にいたる過程が描かれている（ただし、兵士の名前は作者と異なり、具体的な戦地ははっきりとは明かされない）。エピソードの時系列を混線させ、兵士の身の回りのもの——止血帯、肥料の入った袋、ブーツ、ビールグラス、ドッグタグ、ヘルメット、などの四十五の品々——を語り手にした、工夫の凝らされた小説になっている。発表後は複数の文学賞にノミネートされ、高い評価を得た。ブッカー賞受賞作家のヒラリー・マンテルは「激しく過酷で、恐ろしいほどの達成を見せた小説で、張り詰め、決然としていながらも、感情のあらゆるニュアンスに鋭敏である」と評した。

パーカーの作家としての第二作となる本書『ハイブリッド・ヒューマンたち』は、さまざまなアシスティブ・テクノロジーの姿（また、それとともに生きる人々の肖像）を浮かび上がらせるルポルタージュと、自身の負傷と回復のストーリーが入り混じったノンフィクションになっている。前作とはジャンルは異なるけれど、負傷の経験を出発点にして、生身の身体と道具が接する場所で生きる人たちのことを記録していくという点では、前作にあった関心を引き継ぎ、変奏しているのがわかる。

どこか未来的なものを連想させる「ハイブリッド・ヒューマン」という呼称には、そのじつ「ふたつの異なる要素の組み合わせ」を備えた「人間」、というフラットなイメージが込められている（この言葉の最初の定義は、本文の二十二ページに出てくる）。この、広く人間とテクノロジーが共存する状態を指す造語をキーワードにして、本書は先史時代の義肢装具から、まだ広く実用には至っていない未来のインプラント技術まで、またコンタクトレンズやスマートフォンから義足や外骨格スーツにいたるまでの、さまざまな範囲のテクノロジーについて語る。

『ガーディアン』誌のデヴィッド・ロブソンは、本書について「科学の最前線のツアー」であり
ながら、「その焦点は常に人間の心と精神にある」と評している。テクノロジーにたいする著者の

期待や疑念は、身体の実感に根ざしたものだ。リハビリテーションを経てふたたび歩くときの気分や幻肢痛についての描写は、科学の驚くべき進歩を報告したり、それを受け止める個人や社会の態度について問いかけたりする言葉にも染みこんでいて、読み手にたしかな感触を残す。

翻訳にあたっては、編集の市原加奈子さんがさまざまな相談に乗ってくださった。自然科学の用語についてはもちろん、文体についても助言をいただいたことで、冷静でありながらも豊かな感情が詰まっているのを確かに感じさせる文章の独特な魅力が、よりクリアになったと感じている。また、日本語版の刊行にあたっては、原著にはなかった図版が収録されている。これらの写真がレイアウトされたゲラを見たとき、著者がテクノロジーのフォルムというものにたびたび感銘を受け、特別な注意を払って描写していたことに、改めて気づかされた。

二〇二四年五月

川野太郎

害の社会モデルについて，またこれらの論点がどのように展開しているかをさらに知るためには，以下の情報からはじめるのがいいかもしれない——YouTube にアクセスして The National Disability Arts Collection and Archive および Shape Arts による「The Social Model of Disability（障害の社会モデル）」，あるいは Social Work Technical Writer による「Ableism and Language（エイブリズムと言語）」を見る．The Disability Visibility Project（https://disabilityvisibilityproject.com/）の書籍やブログを読んだり，ポッドキャストを聴いたりする．あるいは障害者のメンバーによって構成された組織 Greater Manchester Coalition of Disabled People が製作した「A Brief History of Disabled People's Self-Organisation（障害者による自主組織小史）」や北西部 NHS が製作した「A Disability History Timeline: The Struggle for Equal Rights Through the Ages（障害の歴史年表——平等の権利を求める長い闘い）」を読む．

エイブリズムについての注記

私は本書のなかで，内面化された私自身の非障害者優先主義《エイブリズム》，そして社会に浸透しているエイブリズムとの格闘についてたびたび触れてきた．私たちは「完全」な身体と能力に価値を感じる．私たちのいるこの世界はそうした人々にあわせてデザインされており，その規範から逸脱する人はやっていくのが難しいと感じる．身体障害者差別《ディスエイブリズム》が障害者への差別や偏見のことを指すなら，エイブリズムは完全な身体，能力，生産性を頂点とする価値体系のことである（参照：https://www.scope.org.uk/about-us/disablism）．この対照が重要なのは，私たちのだれもが持っている無意識のバイアスが見えやすくなるからだ．私は寝たきりの状態から車椅子利用者になり，それから義足で歩くようになった，つまり変遷する障害を経験してきた——完全な依存状態から，テクノロジーにアシストされた自立状態まで．この経験を通じて，健常者のために作られた世界で障害者が見出す障壁《バリア》や差別にますます気づくようになったが，それでも私のバイアスは残っている．

依存から自立への旅——より「正常」になるために「直され」た，とも言える——を通じて，私は自分が利用できたリソースに感謝している．社会はあまりにもしばしば他の障害者を差し置き，特定の障害者にたいしてテクノロジーを利用しやすくし，援助する——若い白人男性兵士としての私の経験は，何万ポンドもする電動車椅子を必要としながら政府の豊富な基金を受け取る資格を与えられないエスニック・マイノリティの年配の切断者のそれと根本的に異なるだろう．このように，私たちの多くが社会によって二重の「障害者」とされている．このインターセクショナリティ——異なる社会的，財政的，政治的要素が結びついて，累加していく障壁が生み出されていること——は，エイブリズムを考える上で忘れてはならないものだ．

テクノロジーは私たちを助けることが**できる**かもしれないが，私たちがそれに加えて必要としているのは，世界のほうが障害者のニーズに適応してもらうことだ——障害者が「適応」するのを当てにするのではなく．私たちはつねにバイアスを抱えているが，それに気づくことが変化の第一歩になる．エイブリズムと障

図版出典

図版の収録は日本語版編集部による.

p. 33　著者の義足（本書執筆時点）．撮影 Steven Pocock, Wellcome collection

p. 35　1900年ごろの義足（c. 1890–1910）．製作と撮影はジェームズ・グリンガム（1839–1924）による．英国のサマセット郡チャードの靴職人だったグリンガムは義手・義足の製作を始めると，義肢の可能性に対する先見の明と卓越した技術により英国で広く知られるようになった．SSPL/Science Museum

p. 41　古代ローマ時代の青銅の義足のレプリカ．カプアに近い墓から出土．Wellcome Images (M0012307), CC BY-4.0.

p. 55　作成者 araho/Adobe Stock

p. 87　チタンと骨の融合部分の顕微鏡写真．撮影 Robert Gougaloff

p. 129　作成者 Tracy Spohn/Shutterstock

p. 133　撮影 Steven Pocock, Wellcome collection

p. 161　画像提供 Gerwin Smit（デルフト工科大学）．「mHand Adapt」の詳細は右のウェブサイト参照．〈www.bitegroup.nl/people/gerwin-smit/〉 また，この研究の詳細は右の論文を参照．L. O'Brien *et al.*, "Real-World Testing of the Self Grasping Hand, a Novel Adjustable Passive Prosthesis: A Single Group Pilot Study," *Prosthesis* 2022, 4(1): 48–59. doi.org/10.3390/prosthesis4010006

p. 185　画像提供 Kevin Warwick. ワーウィックがこの電極アレイを自らの腕に埋め込んで行った研究の詳細は右の論文を参照．Kevin Warwick, *et al.*, *Arch Neurol.* 2003, 60(10):1369–1373. doi:10.1001/archneur.60.10.1369

p. 213　画像提供 Andrew Gregory. Instagram(@tattoo_pole_boy) 撮影者 Karen Toftera. Instagram(@shotonstage)

p. 221　画像提供 Sophie de Oliveira.「マテリアライズ」：この義肢のユーザーであるKellyの，自分の気分に応じて異なる素材のパーツを嵌め変えたいという希望に沿ったもの．アンドリューの蹄付きの義足：詳細は本文参照．「スパイク」：Viktoria Modesta と Channel 4の厚意による．ヴィクトリア自身の夢に出てきた，セックス・シンボルとしてピンヒールよりも強力なものは何かという問いにヒントを得て制作された．「カッコー」：サドラーズウェルズ劇場が製作した映画「Cuckoo」の一場面．「Cuckoo」はインクルーシブなダンス・カンパニーである Candoco のダンサーWelly O'Brien のダンスを撮影した作品で，〈オルタナティブ・リム・プロジェクト〉とのコラボレーション．〈オルタナティブ・リム・プロジェクト〉（Alternative Limb Project）の詳細は，右のウェブサイトを参照．〈https://thealternativelimbproject.com/〉.

p. 231　金継ぎの制作と撮影 David Pike. デイヴィッドは日本で金継ぎの講習も提供している．詳細はウェブサイトを参照．〈https://www.kintugi.com〉

〔『「ちがい」がある子とその親の物語 III——レイプで生まれた子，犯罪者になった子，トランスジェンダーの場合』依田卓巳ほか訳, 海と月社, 2022〕.
Tracy, Larissa, *Flaying in the Pre-Modern World: Practice and Representation*, D. S. Brewer, 2017.
Wall, Patrick, *Pain: The Science of Suffering*, Weidenfeld & Nicolson, 1999〔『疼痛学序説——痛みの意味を考える』横田敏勝訳, 南江堂, 2001〕.
Warwick, Kevin, *I, Cyborg*, Century, 2002.
Winters, Robert W., *Accidental Medical Discoveries: How Tenacity and Pure Dumb Luck Changed the World*, Skyhorse Publishing, 2016.

ウェブサイト

deepmind.com/blog/article/alphago-zero-starting-scratch
natashavita-more.com/transhumanist-manifesto/
thealternativelimbproject.com/
www.cyborgfoundation.com/
www.medtecheurope.org/wp-content/uploads/2020/05/The-European-Medical-Technology-Industry-in-figures-2020.pdf
www.ons.gov.uk/peoplepopulationandcommunity/
healthandsocialcare/disability/articles/
nearlyoneinfivepeoplehadsomeformofdisabilityinenglandandwales/2015-07-13
www.tedxbratislava.sk/en/video/jowan-osterlund-biohacking-nextstep-human-evolution-dead-end/
www.youtube.com/watch?v=r-vbh3t7WVI&feature=youtu.be&t=5405(Neuralink Launch Event)

Vita-More, Natasha, 'Transhumanist Manifesto', First version 1983; second versions 1998; third version 2008, fourth version 2020; www.natashavita-more.com.
Zeng, Fan-Gang, 'Trends in Cochlear Implants', *Trends in Amplification*, 1 December 2004 (re Alessandro Volta comment).
Zettler, Patricia J. et al., 'Regulating genetic biohacking', *Science*, 365 (6448), 5 July 2019, pp. 34–6; doi: 10.1126/science.aax3248.
Zhang, Sarah, 'A Biohacker Regrets Publicly Injecting Himself with CRISPR', *Atlantic*, 20 February 2018.

書籍

Brown, Brené, *Rising Strong*, Vermilion, 2015〔『立て直す力——感情を自覚し、整理し、人生を変える3ステップ』小川敏子訳, 講談社, 2017〕.
Calhoun, Lawrence G. and Tedeschi, Richard G, *Handbook of Posttraumatic Growth: Research and Practice*, Psychology Press, 2014.
Garland-Thomson, Rosemarie, *Staring: How We Look*, Oxford University Press, 2009.
Godden, Richard H. et al., *Monstrosity, Disability, and the Posthuman in the Medieval and Early Modern World*, Palgrave Macmillan, 2019.
Haddow, Gill, *Embodiment and Everyday Cyborgs: Technologies That Alter Subjectivity*, Manchester University Press, 2021.
Haraway, Donna J., 'A Cyborg Manifesto: Science, Technology, and Socialist-Feminism in the Late Twentieth Century', in *Simians, Cyborgs, and Women: The Reinvention of Nature*, Routledge, 1991〔『猿と女とサイボーグ——自然の再発明』高橋さきの訳, 青土社, 新装版 2017〕, pp. 149–81.
Hull, John M., *Notes on Blindness: A Journey Through the Dark*, Wellcome Collection, 2017.
Lyman, Monty, *The Remarkable Life of the Skin: An Intimate Journey Across Our Surface*, Black Swan, 2020〔『皮膚、人間のすべてを語る——万能の臓器と巡る10章』塩崎香織訳, みすず書房, 2022〕.
Mayhew, Emily, *A Heavy Reckoning: War, Medicine and Survival in Afghanistan and Beyond*, Wellcome Collection, 2017.
——, *Wounded: The Long Journey Home from the Great War*, Vintage, 2014.
Moravec, Hans, *Mind Children*, Harvard University Press, 1988〔『電脳生物たち——超AIによる文明の乗っ取り』野崎昭弘訳, 岩波書店, 1991〕.
Näder, Hans Georg, *Futuring Human Mobility*, Steidl, 2019.
O'Connell, Mark, *To Be a Machine*, Granta, 2017〔『トランスヒューマニズム——人間強化の欲望から不死の夢まで』松浦俊輔訳, 作品社, 2018〕.
Shelley, Mary Wollstonecraft, *Frankenstein; or, The Modern Prometheus: The 1818 Text*, Oxford University Press, 1998〔『フランケンシュタイン』小林章夫訳, 光文社, 2010, ほか邦訳あり〕.
Solomon, Andrew, *Far from the Tree: Parents, Children and the Search for Identity*, Vintage, 2014

bbc.co.uk/news/health-49907356.

Gawande, Atul, 'The Itch: Its mysterious power may be a clue to a new theory about brains and bodies', *New Yorker*, 23 June 2008.

Glenn, Linda MacDonald, 'Case Study: Ethical and Legal Issues in Human Machine Mergers (Or the Cyborgs Cometh)', *Annals of Health Law*, 21 (1), Special Edition 2012.

Green, Rylie, 'Elastic and conductive hydrogel electrodes', *Nature Biomedical Engineering*, 3 (9–10), 8 January 2019.

Komorowski, M., Celi, L. A., Badawi, O. et al., 'The Artificial Intelligence Clinician learns optimal treatment strategies for sepsis in intensive care', *Nature Medicine*, 24, 22 October 2018, pp. 1716– 20; doi: 10.1038/s41591-018-0213-5.

Lambert, Bruce, 'Dr R. Adams Cowley, 74, Dies; Reshaped Emergency Medicine', *The New York Times*, 1 November 1991.

Lawrence, Natalie, 'What is a monster?', University of Cambridge Research, 7 September 2015; www.cam.ac.uk/research/discussion/ what-is-a-monster.

Learmonth, Ian D. et al., 'The operation of the century: Total hip replacement', *Lancet*, 27 October 2007.

Li, Xiao et al., 'Archaeological and palaeopathological study on the third/second century BC grave from Turfan, China: Individual health history and regional implications', *Quaternary International*, 2013, pp. 290–91.

McMenemy, Louise et al., 'Direct Skeletal Fixation in bilateral above knee amputees following blast: 2 year follow up results from the initial cohort of UK service personnel', *Injury*, 51 (3), March 2020, pp. 735–43.

Madrigal, Alexis C., 'The Man Who First Said "Cyborg," 50 Years Later', *Atlantic*, 30 September 2010.

Martiniello, Natalina et al., 'Exploring the use of smartphones and tablets among people with visual impairments: Are mainstream devices replacing the use of traditional visual aids?', *Assistive Technology*, 7 November 2019, pp. 1–12.

Max, D. T., 'Beyond Human', *National Geographic*, April 2017. Mudry, A. and Mills, M., 'The Early History of the Cochlear Implant: A Retrospective', *JAMA Otolaryngology – Head & Neck Surgery*, 139 (5), May 2013, pp. 446–53; doi: 10.1001/jamaoto.2013.293.

Robertson, Adi, 'I Hacked My Body for a Future that Never Came', *The Verge*, 21 July 2017. Santos Garcia, Joao Batista and Barbosa Neto, Jose Osvaldo, 'Living without the opioid epidemic: How far have we come?', *Lancet Neurology*, January 2020.

Santos Garcia, João Batista and Barbosa Neto, José Osvaldo, 'Living without the opioid epidemic: How far have we come?', *Lancet Neurology*, January 2020.

Talbot, Margaret, 'The Rogue Experimenters: Community labs want to make everything from insulin to prostheses. Will traditional scientists accept their efforts?', *New Yorker*, 18 May 2020.

VanEpps, J. Scott and Younger, John G., 'Implantable Device-Related Infection', *Shock*, December 2016.

参考文献

参照した論文，書籍とウェブサイトの一部を下記のリストに示す．

論文

Baird, Woody, 'Spirit Thrives After 41 Years in Iron Lung: Polio: Dianne Odell says her life is full of love, faith and family; that you can make your life good or bad', *Los Angeles Times*, 13 October 1991.

Baumgaertner, Emily, 'As D.I.Y. Gene Editing Gains Popularity, "Someone Is Going to Get Hurt"', *The New York Times*, 15 May 2018.

Benabid, Alim Louis et al., 'An exoskeleton controlled by an epidural wireless brain–machine interface in a tetraplegic patient: a proof of concept demonstration', *Lancet Neurology*, 18 (12), December 2019, pp. 1112–22.

Bhattacharjee, Yudhijit, 'Scientists are unraveling the mysteries of pain', *National Geographic*, 17 December 2019.

Biddiss, E. and Chau, T., 'Upper-limb prosthetics: critical factors in device abandonment', *American Journal of Physical Medicine & Rehabilitation*, 86 (12), December 2007, pp. 977–87; doi: 10.1097/ PHM.0b013e3181587f6c; PMID: 18090439.

Buquet-Marcon, Cecile, Philippe, Charlier and Anaick, Samzun, 'The oldest amputation on a Neolithic human skeleton in France', *Nature Precedings*, 30 October 2007.

Callaghan, Greg, 'The astonishing journey of surgeon Munjed Al Muderis', *Sydney Morning Herald*, 18 September 2014.

Callaway, Ewen, '"It will change everything": DeepMind's AI makes gigantic leap in solving protein structures', *Nature*, 30 November 2020.

Clark, Andy and Chalmers, David, 'The Extended Mind', *Analysis*, 58 (1), January 1998, pp. 7–19; www.jstor.org/stable/3328150.

Click, Melissa A., Lee, Hyunji and Holladay, Holly Willson, 'Making Monsters: Lady Gaga, Fan Identification, and Social Media', *Popular Music and Society*, 36 (3), 14 June 2013, pp. 360–79; doi: 10.1080/03007766.2013.798546.

Cockburn, Patrick, 'Polio: The Deadly Summer of 1956', *Independent*, 1999.

Drinker, Philip and Shaw, Louis A., 'An Apparatus for the Prolonged Administration of Artificial Respiration: A Design for Adults and Children', Harvard School of Public Health, 1928.

Erle, S. and Hendry, H., 'Monsters: Interdisciplinary explorations in monstrosity', *Palgrave Communications*, 6 (53), 25 March 2020; doi: 10.1057/s41599-020-0428-1.

Eshraghi, Adrien A. et al., 'The cochlear implant: Historical aspects and future prospects', *Anatomical Record* (Hoboken), 295 (11), November 2012, pp. 1967–80; doi: 10.1002/ ar.22580.

Finch, Jacqueline, 'The ancient origins of prosthetic medicine', *Lancet*, 12 February 2011.

Gallagher, James, 'Paralysed man moves in mind-reading exoskeleton', 4 October 2019; www.

著者略歴

(Harry Parker)

作家，画家．1983年，英国ウィルトシャー生まれ．ファルマス大学，ついでユニバーシティ・カレッジ・ロンドンで美術史を修めたのち，23歳で英国陸軍に入隊．2007年に小隊指揮官としてイラク戦争に従軍し，2009年には現地コミュニティとのリエゾン指揮官としてアフガニスタン紛争に従軍した．そこでIED（路肩に仕掛けられた即席爆発装置）により負傷，両脚のかなりの部分を失う．2013年に退役後，ロイヤル・ドローイングスクールで絵画の習練を再開し修士号（ファインアーツ）を取得．また，小説にも取り組み2016年にデビュー小説 *Anatomy of a Soldier*（Faber & Faber）を発表．この作品は Waverton Good Read Award 2017（受賞），the Authors' Club Best First Novel Award 2017（shortlisted），Goldsboro Books Glass Bell Award 2017（shortlisted）など，英国で高い評価を得て，8ヶ国語に翻訳されている．本作が第二著．ロンドン在住．

訳者略歴

川野太郎〈かわの・たろう〉1990年熊本生まれ．早稲田大学文学研究科現代文芸コース修了．翻訳家．訳書 シェルトン『ノー・ディレクション・ホーム ボブ・ディランの日々と音楽』（共訳，ポプラ社，2018），ボーダー『スナックだいさくせん！』（岩崎書店，2020），ノーマン『ノーザン・ライツ』（みすず書房，2020），ミレット『子供たちの聖書』（みすず書房，2021），ロブレヒト＆ドレイパー『ぬいぐるみきゅうじょたい』（岩崎書店，2022），スタージョン『夢みる宝石』（筑摩書房，2023）など．

ハリー・パーカー
ハイブリッド・ヒューマンたち
人と機械の接合の前線から
川野太郎訳

2024年 7月16日 第1刷発行

発行所 株式会社 みすず書房
〒113-0033 東京都文京区本郷2丁目20-7
電話 03-3814-0131(営業) 03-3815-9181(編集)
www.msz.co.jp

本文組版 キャップス
本文印刷・製本所 中央精版印刷
扉・表紙・カバー印刷所 リヒトプランニング
装丁 木下悠

ISBN 978-4-622-09718-1
[ハイブリッドヒューマンたち]